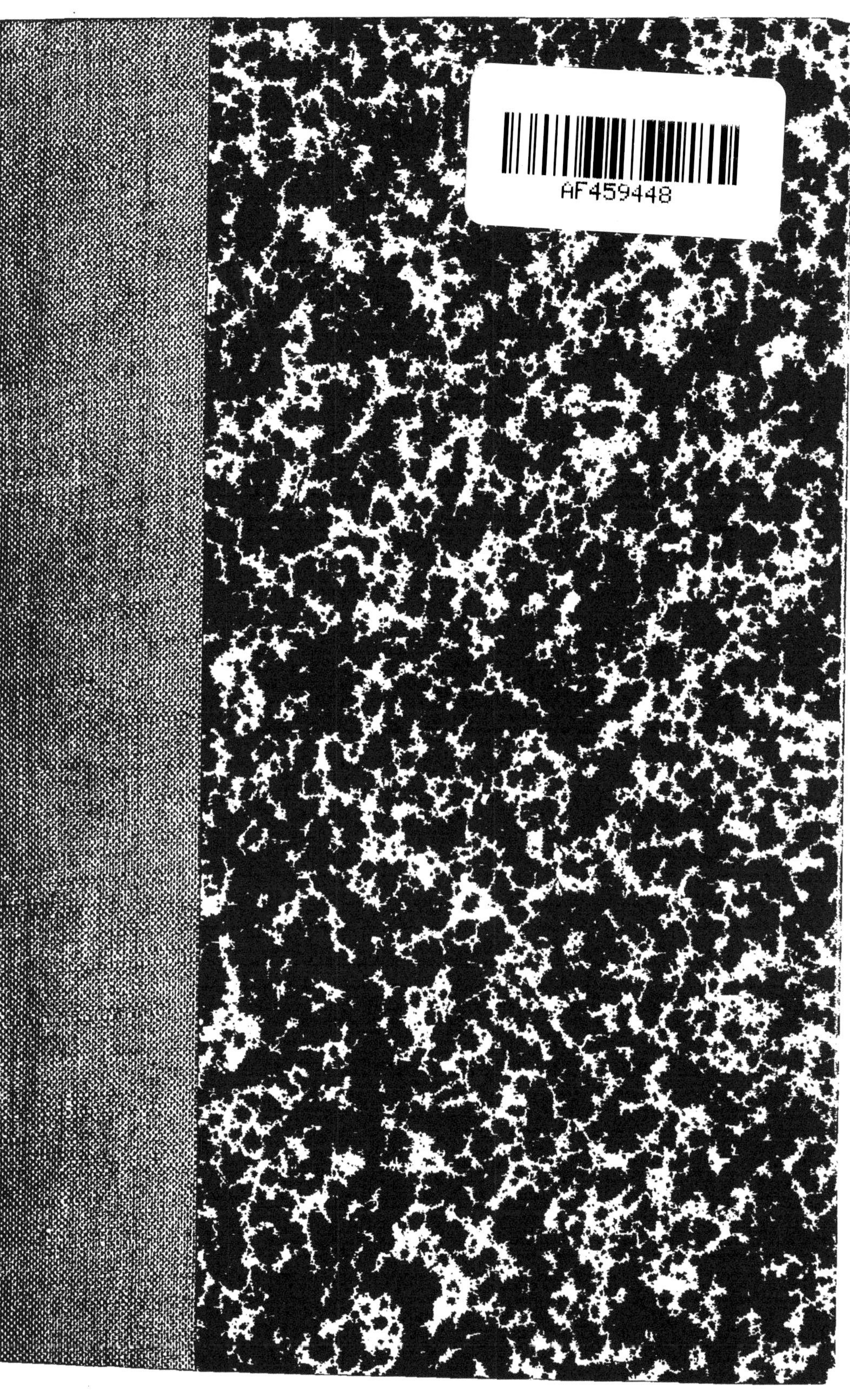

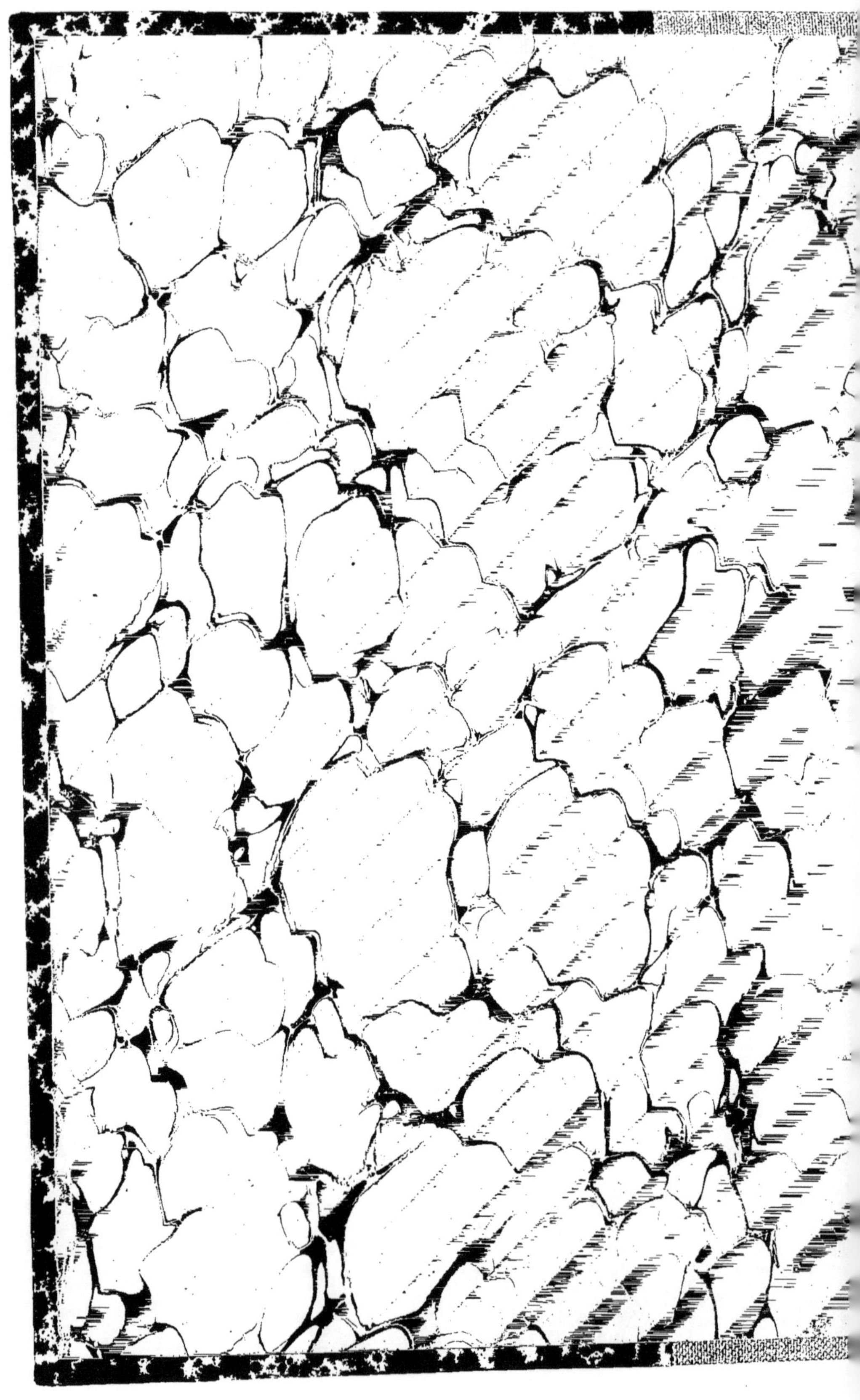

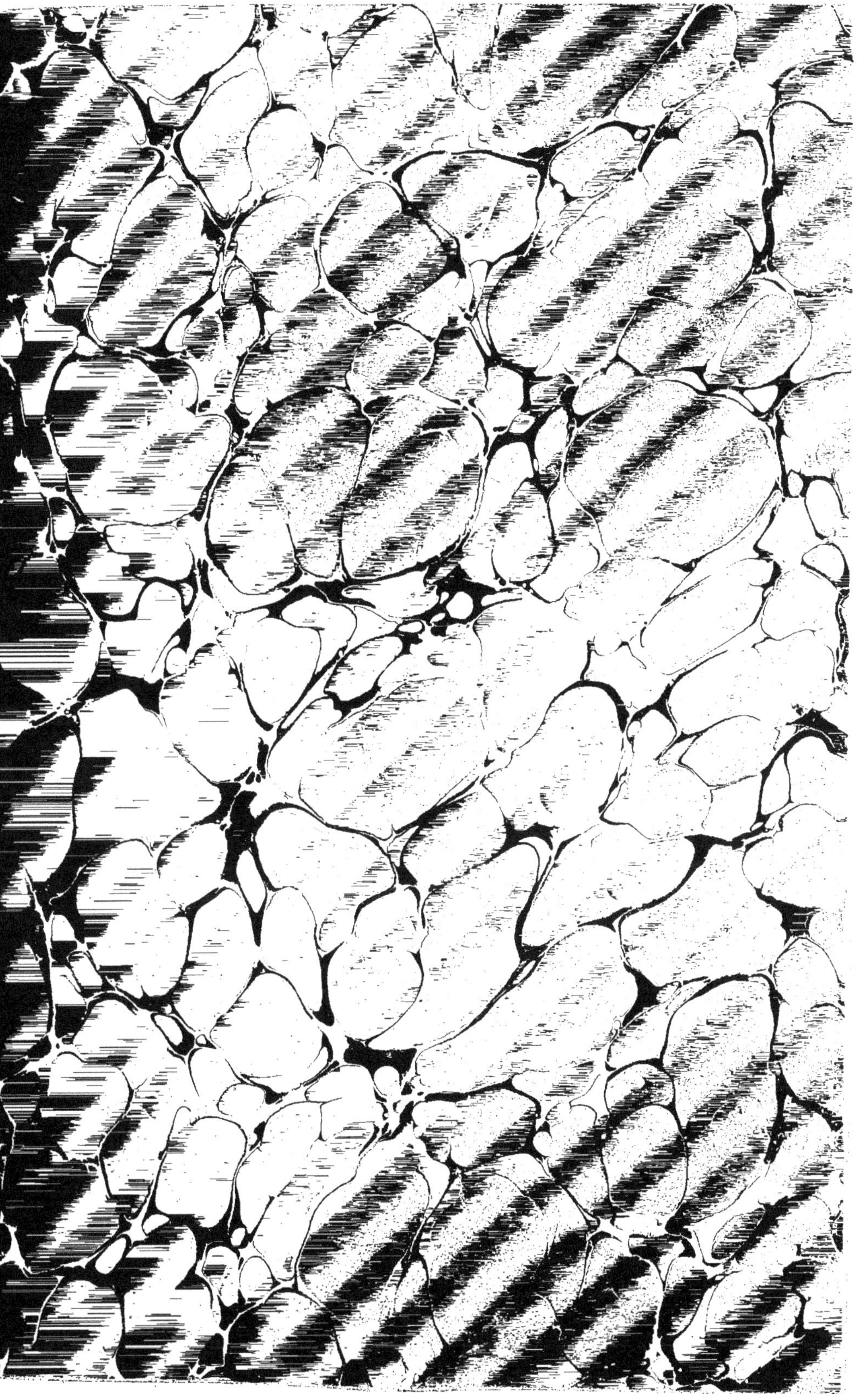

Lucien GILLET

NOMENCLATURE DES MÉDAILLES

RELATIVES A

L'Histoire de Paris

ET AYANT FIGURÉ AUX DIVERS SALONS DEPUIS 1699

AINSI QUE DES

PEINTURES, DESSINS & SCULPTURES INTÉRESSANT LA NUMISMATIQUE PARISIENNE

CHALON-SUR-SAONE
E. BERTRAND,
Imprimeur - Éditeur
5, rue des Tonneliers, 5

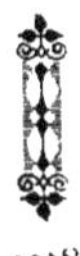

PARIS
Jean SCHEMIT,
Libraire de la Société de l'Histoire de l'Art Français
Dépositaire, 52, rue Laffitte, 52

1908

Hommage à la Bibliothèque
du Conseil Municipal de Paris

[signature]

24 Juin 1909.

NOMENCLATURE

DES MÉDAILLES

CONCERNANT

L'HISTOIRE DE PARIS

AU MAITRE ET A L'AMI

F. MAZEROLLE

La Nomenclature des Ouvrages se rapportant à l'Histoire de Paris et qui ont été exposés aux Salons (travail en préparation depuis plusieurs années) n'aurait, sans vous, probablement jamais vu le jour.

Vous avez bien voulu me mettre en rapport avec votre éminent collaborateur F. Bournon, et les colonnes de la *Correspondance historique et archéologique* me sont ainsi largement ouvertes.

Vous m'avez demandé d'extraire de cette Nomenclature tout ce qui se rapporte à la numismatique parisienne pour la si intéressante publication *la Gazette numismatique française*, dont vous êtes le Directeur.

Ces marques de sympathie et vos encouragements m'ont été des plus précieux; ils m'imposent, plus que jamais, le devoir de continuer à poursuivre mes travaux. Veuillez donc accepter ce petit recueil comme témoignage de mes sentiments de reconnaissance.

LUCIEN GILLET.

Lucien GILLET

NOMENCLATURE DES MÉDAILLES CONCERNANT L'HISTOIRE DE PARIS

AYANT FIGURÉ AUX DIVERS SALONS DEPUIS 1699

AINSI QUE DES

PEINTURES, DESSINS & SCULPTURES INTÉRESSANT LA NUMISMATIQUE PARISIENNE

CHALON-SUR-SAONE
ÉMILE BERTRAND, IMPRIMEUR-ÉDITEUR
5, Rue des Tonneliers, 5

1906

Tirage à part de la Gazette Numismatique française, *1905*

CHALON-SUR-SAONE. — IMP. FRANÇAISE ET ORIENTALE E. BERTRAND

NOMENCLATURE DES MÉDAILLES

CONCERNANT

L'HISTOIRE DE PARIS

AYANT FIGURÉ AUX DIVERS SALONS DEPUIS 1699, AINSI QUE DES PEINTURES, DESSINS ET SCULPTURES INTÉRESSANT LA NUMISMATIQUE PARISIENNE.

PAR

Lucien GILLET

Un érudit parisien, M. Lucien Gillet, a relevé dans les livrets des Salons depuis 1673 jusqu'à nos jours, tous les objets d'art, peintures, sculptures, gravures, médailles, qui peuvent intéresser l'histoire de la Ville de Paris, ou qui concernent des personnages parisiens, par naissance ou par adoption.

M. Lucien Gillet a bien voulu extraire de son travail, pour la *Gazette numismatique française*, les mentions relatives à la numismatique parisienne et à l'Hôtel des Monnaies. On trouvera donc, ici, l'énumération chronologique de tout ce qui a figuré aux divers Salons, depuis la fin du XVIIe siècle, pouvant intéresser les érudits qui étudient ou recherchent les souvenirs numismatiques de Paris.

Le premier document de ce genre a figuré au Salon de 1699.

F. Mazerolle.

Salon de 1699

Peinture

Largillière (de), académicien.

M. Rotier (Joseph-Rœttiers), graveur général des Monnoyes de France.

Mme sa femme.

Salon de 1737

Rœttiers (Joseph-Charles), graveur général des Monnoyes, académicien.

Cadre qui contient plusieurs modèles en cire, sçavoir :

Un du Roi, nouveau fait.

Monseigneur le comte de Clermont.

Monseigneur le cardinal de Fleury.

Salon de 1739

Duvivier (Jean), académicien.

Jettons : Une tête du Roy.

Trésor Royal, 1738.

Bâtimens du Roy, 1738.

Tête de M. Reneaume, doyen de la Faculté de Médecine.

Tête de M. Bourdelin, doyen de la Faculté de Médecine.

Salon de 1740

Duvivier (Jean), académicien, graveur des Médailles de Sa Majesté.

98. Médaille de l'histoire du Roy. D'un côté le Buste du Roy ; de l'autre côté la République de Genève, pacifiée par la médiation du Roy avec ces mots pour légende : *Respub. Genevensis pacata*. A l'exergue : *M.DCC.XXXVIII.*

Jettons : Dessein pour les jettons de l'Assemblée du clergé en 1740, qui représente la Religion montrant un arc-en-ciel qui se résoud en pluie sur un champ semé de lys. Pour légende : *Nunquam fœderis immemor.*

Jetton gravé sur ce dessein. Le buste du Roy en manteau et

collier de l'Ordre du Saint-Esprit nouvellement gravé pour les États de Bourgogne.

La tête de M. Chaumel, doyen de la Faculté de Médecine de Paris.

Salon de 1742

Tournière, ancien professeur.

6. Un grand tableau représentant M. Le Riche, contrôleur général des Monnoyes de France et trésorier général des Invalides.

Salon de 1746

Tardieu (fils).

Sujet gravé : Une vignette représentant le portrait du Roy, d'après un jetton de M. Du Vivier.

Duvivier (Jean), académicien.

143. (1) Buste modèle, bas-relief de la grandeur des médailles, représentant le profil de la tête du Roy, le front ceint d'une couronne de lauriers.

(2) Autre buste du Roy, couvert de la cuirasse et couronné de lauriers, gravé sur les jettons qui ont été frappez pour l'Assemblée générale du Clergé en 1745 et sur les jettons des États de Bourgogne et ceux de Bretagne (1746).

(5) La tête de M. Léaulté, doyen en 1742.

(6) La tête de M. Col de Villars, doyen en 1744.

Revers : l'amphithéâtre rotonde nouvellement bâti, où se tiennent les écoles de Médecine et où sont les démonstrations d'anatomie, vue en face du portail, avec ces mots : *Ut prosit et ornet.*

(7) La tête de M. de l'Épine, doyen, 1746.

Revers : Coupe et vue intérieure du même amphithéâtre ci-dessus avec ces mots : *Pulchrior exurgit.*

Salon de 1750

Duvivier (Jean).

Médailles : La tête du Roy couronnée de lauriers, nouvellement gravée d'après S. M., pour servir à l'histoire métallique.

Jetton : La tête de M. Martinenq, doyen de la Faculté de Médecine.

Salon de 1755

Cochin, officier de l'Académie, garde des desseins du Cabinet du Roi, secrétaire et historiographe de l'Académie.

165. Desseins pour l'histoire du Roi par médailles.
Première médaille : La naissance du Roi.
Seconde médaille : Sur la mort de Louis le Grand.
Troisième médaille : Sur la mort de Louis XIV.
Quatrième et cinquième médailles : La régence déférée au duc d'Orléans.

Salon de 1765

Duvivier (Benjamin), agréé, graveur des Médailles.

256. (1 et 2) Médaille de la Ville de Paris pour l'inauguration de la figure équestre de Sa Majesté.
(3) Médaille pour les six corps des Marchands de Paris : Le rétablissement du Commerce.
(6 et 7). Médailles pour le Roi : Une nouvelle tête du Roi et sa statue équestre.

Salon de 1769

Rœttiers (Charles-Norbert), le fils, académicien, graveur général des Monnoies de France.

241. Le buste du Roi et celui de M. Bertin, ministre et secrétaire d'État.

Duvivier (Benjamin), graveur des Médailles du Roi.

253. Médailles : Le Roi ; médaille de 28 lignes de diamètre.
Médaille de la première pierre de l'École militaire.

SALON DE 1771

CAFFIERI, adjoint à Professeur.

249. Une nayade, représentant l'eau, l'un des quatre éléments.

250. L'air, son pendant, tenant un caméléon que les anciens croyoient ne vivre que d'air: un aigle est à ses pieds (Terre cuite).

Ces deux figures doivent être exécutées en pierre de la proportion de 6 pieds, pour décorer une des façades de l'Hôtel Royal des Monnoies, du côté de la rue Guénégaud.

GOIS, académicien.

264. La Fidélité et l'Abondance des Richesses servant de support aux armes du Roi.

Ce modèle est exécuté en grand, en pierre de Conflans, au couronnement du nouvel Hôtel des Monnoies.

RŒTTIERS (Charles-Norbert), le fils, académicien, graveur général des Monnoies de France.

297. Deux médaillons du Mariage de Monseigneur le Dauphin.

La médaille des six corps des marchands qui ont délivré des prisonniers à l'occasion du Mariage de Monseigneur le Dauphin.

Le jetton de Madame de Provence.

Le jetton de M. l'abbé Terray, contrôleur général.

Le jetton de M. Le Thieullier, doyen de la Faculté de Médecine.

Le jetton de M. de la Mouchetière.

SALON DE 1773

MOUCHY, académicien.

208. L'Abondance.

Modèle d'une figure exécutée à l'Hôtel des Monnoies.

BERRUER, académicien.

210. Le portrait de M. Rœttiers.

En terre cuite.

Le Comte, académicien.

217. Deux figures, représentant la Justice et la Paix.

Modèle en talc de 2 pieds 5 pouces de haut.

Ces figures doivent être exécutées en pierre, de 6 pieds de proportion, pour l'Hôtel des Monnoies.

Duvivier (Benjamin), agréé, graveur des médailles du Roi.

284. Médaille pour le mariage de Monseigneur le Dauphin.

Monseigneur le comte de Provence et Mme la comtesse de Provence.

M. le cardinal de la Roche-Aimon, et pour revers la Paix et la Justice.

Jettons pour MM. les avocats du Parlement.

Salon de 1775

Machi (de), académicien.

48. Vue du Nouvel Hôtel de la Monnoie.

Tableau de 2 pieds 5 pouces de large, sur 1 pied 9 pouces de haut.

Berruer, académicien.

239. Le portrait de M. Rœttiers.

Buste en marbre.

Duvivier (Benjamin), agréé.

Plusieurs médailles et jettons.

290. (1) Louis XV.

(2) Mariage de M. le comte d'Artois.

(4) Buste de Louis XVI.

(7) Le Parlement rendu par le Roi aux vœux de la Nation.

Salon de 1777

Vallayer (Mlle), académicienne.

104. Portrait de M. Rœttiers, ancien graveur général des Monnoies.

Tableau ovale, de 2 pieds sur 1 pied 7 pouces de haut.

Duvivier (Benjamin), académicien, graveur de Médailles.

286. Le sceau de l'Académie (Morceau de réception de l'auteur).

288. Les bustes du Roi et de la Reine.

292. Buste de feu de M. le duc de Villars.

Salon de 1779

Duvivier (Benjamin), académicien, graveur de M[illegible]dailles.

261. (1) Sceau de l'Académie Royale de Peinture et de Sculpture suivant les nouveaux statuts donnés par le Roi, en 1777.

(2) Buste du Roi, pour le prix de l'Académie française.

(3) Buste de la Reine.

(4) Naissance de Mme Première, fille du Roi.

Ces deux médailles sont pour l'histoire métallique du Règne.

Salon de 1781

Duvivier (Benjamin), académicien, graveur général des Monnoies de France et des Médailles du Roi.

294. Sous un même cadre et un même numéro :

(1) Buste de la Reine, médaille de 32 lignes.

(2) Médaille de 25 lignes, décernée par les actionnaires de la Caisse d'Escompte aux inventeurs et administrateurs de cet établissement ; d'un côté une femme tenant des billets et un coffre plein d'argent, de l'autre, une femme reconnaissant des richesses, que Mercure, symbole des inventeurs, répand sur elle avec abondance.

(3) Buste de S. A. S. Mgr le duc de Chartres, médaille de 18 lignes.

(5) Médaille de récompense, ordonnée et fondée par la Ville de Paris, pour ceux qui secourent les noyés.

(8) Buste de M. le prince Jules-Hercule de Rohan ; au revers, les armes soutenues par César et Hercule.

(9) Jettons de la Faculté de Médecine ; MM. Le Vacher et Philippe, doyens ; revers, Alexandre malade.

(10) M. le Curé de Saint-André ; revers, la Charité éclairée.

Salon de 1783

Machy (de), conseiller.

43. Vue prise du Pont-Neuf.

On voit la Monnoie, partie de la Colonnade et de la Galerie du Louvre jusqu'au Pont-Royal.

Ce tableau de 4 pieds 11 pouces sur 3 pieds 3 pouces de haut.

Duvivier (Benjamin), académicien.

280. (1) Médaille de 18 lignes pour l'histoire du Roi, sur la naissance de Mgr le Dauphin.

(2) Médaille de 27 lignes pour les six Corps, à la même occasion.

(3) Médaille de 32 et 22 lignes, ordonnée par la Ville de Paris pour la réception de Leurs Majestés à l'Hôtel de Ville.

(4) Nouvelle médaille pour la Caisse d'Escompte.

(6) Jetton de la Faculté de Médecine; M. Pourfour du Petit, doyen.

Salon de 1785

Duvivier (Benjamin), académicien.

270. Médaille sur la naissance de Mgr le duc de Normandie.

271. Autre représentant le Génie du Dessin, pour l'un des prix de l'Académie.

272. Plusieurs jettons, dans lesquels sont les bustes de M. Sallin, doyen de la Faculté de Médecine.

Salon de 1789

Duvivier (Benjamin), académicien.

319. Cadre renfermant les objets suivants :

(1) Pont de Louis XVI.

(3) Établissement de la Manufacture royale d'Horlogerie.

(4) Buste de M. Necker.

405. Buste de M. Bailly.

SALON DE 1795

C. GIBELIN (A.-E.), cour du Louvre.

Dessin

227. Projet de médaille représentant la Convention désignée par une femme, qui place sur sa base une colonne, emblème de la Constitution Françoise.

Dans l'exergue, deux mains unies en signe de concorde; et pour légende :

Le ciment de cette colonne sera l'union des citoyens.

SALON DE 1798

DUVIVIER (Benjamin), aux galeries du Muséum.

Médailles :

715. L'abbé Barthélemy, auteur d'Anacharsis, garde du Cabinet des médailles de France.

716. Le père de l'auteur, lequel a cru pouvoir présenter ensemble ces deux hommes qui ont si bien mérité, chacun dans son genre, de l'art numismatique.

SALON DE 1800

Mme BINARD (Adélaïde, femme Lenoir), née à Paris.

32. Portrait de C. Sage, démonstrateur de chimie à la Monnaie.

DUMONT (François), né à Lunéville.

135. Un cadre miniature, portrait du citoyen Duvivier, graveur de Médailles.

SALON DE 1802

Sculpture

CALVA (Louis), né à Paris, élève de feu Caffieri; rue de la Roquette, n° 74, porte Saint-Antoine.

406. Portrait du citoyen Lebrun, troisième consul, médaille en cire.

Peinture

DEMACHY.

75. Vue de Paris, prise du Pont-Neuf ; on y voit la Monnaie, les galeries du Louvre et les environs, éclairés du soleil couchant.

SALON DE 1804

JEUFFROY.

Médailles :

846. Portrait de M. Fourcroy, conseiller d'État.
Médaille du Corps législatif aux Consuls.
Médaille du Corps législatif.
Le Sceau de la Légion d'honneur.
Médaille du couronnement de l'Empereur Napoléon.

SALON DE 1806

JALEY, élève de MM. Moitte et Dupré; rue Montmartre, n° 56.

675. Un cadre renfermant plusieurs médailles ordonnées par le gouvernement; commençant par la droite : la couronne d'Agiluphe; reddition d'Ulm et Memmingen; la bataille d'Austerlitz; création de l'ordre de l'aigle ; plan de la fête donnée au camp de Boulogne, lors de la distribution des croix; la Cathédrale de Paris.

SALON DE 1808

ROBERT LEFEVRE, quai Bonaparte, n° 3.

517. Denon (Dominique-Vivant, baron), savant et graveur, né à Chalon-sur-Saône le 4 janvier 1747, il se rendit fort jeune à Paris et fut gentilhomme de la chambre du roi Louis XV, pour lequel il forma un cabinet de pierres gravées et de médailles.

ANDRIEU (Bertrand), rue Saint-Louis-du-Palais, n° 18.

770. Un cadre renfermant des médailles et des médaillons :
Médaille représentant S. M. l'Empereur en costume impérial.

Grand médaillon en étain représentant S. M. l'Impératrice.
Grand médaillon en étain représentant S. M. l'Empereur.
771. Buste de S. M. l'Empereur, modèle en cire.

BRENET, quai de la Monnaie, n° 3.

779. Un cadre contenant des médailles et médaillons.
Grande médaille ordonnée par la Ville de Paris ; elle représente une Victoire au milieu d'un trophée d'armes conquise à la bataille de Wertingen.
Médaille de l'Arc-du-Triomphe, place du Carousel.
Médaillon en cuivre doré, du portrait de S. M. l'Empereur.
Médaillon en cuivre doré, du portrait de S. M. l'Impératrice et Reine.

GALLE, aîné, rue du Chaume, n° 7.

795. Un cadre renfermant des médailles et médaillons :
(1) Un grand médaillon de S. M. l'Empereur et Roi.
(2) Grande médaille ordonnée par la Ville de Paris ; elle représente l'Empereur accompagné du prince Murat, recevant à Schœnbrünn la députation des Maires de la Ville de Paris.
Médaille ordonnée par la Société médicale d'émulation, représentant le portrait de Xavier Bichat.

DUPRÉ (Augustin), ci-devant graveur général des Monnaies, rue de Seine, Faubourg Saint-Germain, n° 39.

793. Épreuves de médailles.
Portrait de feu Lavoisier, avec cette inscription au revers : *les Sciences et la Patrie pleurent cet illustre savant, mort victime des fureurs révolutionnaires.*

JALLEY (Louis), rue Montmartre, n° 56.

805. Un cadre renfermant une médaille représentant l'aigle impériale couronnée par la Victoire.

SALON DE 1810

DE LA CLUSE.

29. Portrait de M. Galle, graveur en médailles.

Andrieu (Bertrand), place de la Monnaie, n° 15.

1100. Un cadre renfermant, savoir :

(1) Le canal de l'Ourcq.

(2) La porte de Saint-Martin, à Paris.

(5) LL.MM.II. et RR. pour la médaille du mariage.

(7) S.M. l'Empereur, grande dimension, modèle en cire.

(8) Buste de S. M. l'Impératrice.

(9) Buste de S. M. l'Empereur.

Salon de 1812

Andrieu (Bertrand), place de la Monnaie, n° 15.

1200. Un cadre renfermant :

(1) Un médaillon représentant LL. MM. l'Empereur et l'Impératrice.

(2 et 3) Grandes médailles du baptême du Roi de Rome, offertes par les bonnes villes de l'Empire.

(4 et 5) Grande médaille des prix décennaux.

(6) Les têtes accolées de LL. MM. l'Empereur et l'Impératrice.

(7) La tête de Sa Majesté le Roi de Rome.

(13) Portrait de S. A. I. la Princesse Pauline.

Galle (aîné), rue du Temple, n° 44.

1229. Un cadre de médaillons en cire et médailles contenant :

(1 et 2) Portraits de LL. MM. l'Empereur et l'Impératrice.

(3) Portrait de S. A. I. la Princesse Elisa.

(4) Petit portrait de S. M. le Roi de Rome.

Salon de 1814

Brenet, cul-de-sac Conti, n° 3.

1442. Cadre renfermant diverses médailles, et particulièrement celles du retour de Louis XVIII en France et de son entrée à Paris.

Salon de 1817

Andrieu (Bertrand), rue des Saints-Pères, n° 48.

929. Médaille de la Charte constitutionnelle.
Pièce de mariage de S. A. R. Monseigneur le duc de Berry.
Médaille de la décoration de la Garde nationale.

BRENET, cul-de-sac Conty, n° 13.
946. Un cadre renfermant trois médailles:
L'arrivée de S. M. Louis XVIII en France.
L'entrée à Paris de Sa Majesté.
Une médaille faite à l'occasion du mariage de Mgr le duc de Berry.

GATTEAUX (J.-E.), fils, rue de Bourbon, n° 35.
971. Un cadre renfermant plusieurs modèles en cire et empreintes de médailles représentant :
S. A. R. Monsieur, frère du Roi.
P. Corneille. Montaigne. La Fontaine. Malherbe. Buffon. Ducis. Rameau. Pujet.

TIOLIER, Hôtel des Monnaies.
1033. Un cadre contenant divers modèles, médailles et jetons.

SALON DE 1819

ANDRIEU, rue des Saint-Pères, n° 48.
419. Médaille de l'inauguration de la statue d'Henri IV : d'un côté Henri IV à cheval et de l'autre le portrait de S. M. Louis XVIII.
Deux autres médailles, même sujet, l'une avec le portrait de S. M. Louis XVIII et l'autre le portrait de Henri IV.
La médaille du 20 Mars.
La médaille pour les grands prix représentant Minerve distribuant des couronnes.

DEPAULIS, rue du Cloître-Notre-Dame.
1442. Médailles et modèles en cire, parmi lesquels se trouve celui de Louis XVII, né en 1785, mort le 8 juin 1795 (Maison du R.).

Galle, aîné.

1485. Un cadre renfermant, savoir :

Le billet de la Banque de France de 500 francs; les tailles sont en relief sur acier.

Médaille de la mort de Louis XVI.

Le portrait du Roi, style monétaire.

Plusieurs autres portraits du Roi de différentes grandeurs.

Le portrait de Lamoignon de Malesherbes.

Le portrait de René Descartes.

Une médaille décernée à M. le Préfet de Police par les Courtiers du commerce de Paris, représentant un Mercure.

Gatteaux, rue de Bourbon, n° 35.

1488. Empreintes de médailles, parmi lesquelles sont les portraits de Pujet, Rabelais, Haydn, Mme de Staël, Philibert de l'Orme, Varin.

Jeuffroy.

1504. Cadre contenant des pierres gravées et des médailles, savoir :

Louis XVI, pierre gravée.

Marie-Antoinette, pierre gravée.

La mort de Louis XVII, médaille.

Avènement de Louis XVIII, médaille.

Le vingt Mars, médaille.

(Ces trois médailles sont commandées par le Gouvernement.)

Salon de 1822

Brenet, cul de sac Conty, n° 3.

1522. Un cadre renfermant plusieurs médailles; on y remarque une médaille ordonnée par M. le Préfet du département de la Seine, à l'occasion du baptême de S. A. R. le duc de Bordeaux.

Depaulis, rue des Grands-Augustins, n° 1.

1526. Un cadre de médailles et jetons, contient la naissance de S. A. R. le duc de Bordeaux.

DIEUDONNÉ, rue Guénégaud, n° 19.

1534. Un cadre contenant modèles et médailles ; il renferme : Une médaille relative à la mort de Mgr le duc de Berry (M. d. R.).

GALLE, aîné.

1569. Un cadre de médailles ; il conient :
L'Entrée du Roi à Paris.
La mort de Louis XVI.
La fin de la captivité de Madame.
Le portrait de René Descartes.
Le portrait de Lamoignon-Malesherbes.
Deux portraits du Roi, et deux autres portraits.

GATTEAUX (J.-E.), rue de Bourbon, n° 35.

1570. Un cadre de médaille ; il renferme celle de J. Varin.
Vincent de Paule.
Richelieu.
Mirabeau.

MONTAGNY, rue des Grands-Augustins, n° 5.

1612. Un cadre de médailles et modèles en cire ; il renferme :
Deux médailles pour la naissance de S. A. R. le duc de Bordeaux, d'après M. Montagny.
Une médaille à l'occasion de la naissance du duc de Bordeaux, d'après M. Laffitte et des portraits.

SALON DE 1824

DESNOYERS (Hubert).

1964. Un cadre contenant des médailles à l'effigie de S. M., de S. A. R. Mgr le duc d'Angoulême et de S. A. R. Madame, et des sujets allégoriques.

DOMARD, rue Saint-Thomas d'Enfer, n° 9.

1965. Un cadre de médailles, des modèles en bronze et une pierre gravée à l'effigie de S. A. R. Mgr le duc de Berry.

Galle, aîné.

1973. Un cadre de médailles; il contient, savoir :

(1) L'entrée du Roi dans la capitale; de l'autre côté la Ville de Paris lui présentant les clefs, aux pieds de la statue d'Henri IV.

Gatteaux (J.-E.), rue de Bourbon, n° 35.

1978. Un cadre renfermant plusieurs empreintes de médailles et jetons.

On y remarque les portraits de Monge, l'un des fondateurs de l'Ecole polytechnique;

Masséna, maréchal de France.

Petit, rue Jean-Jacques Rousseau, n° 3.

2036. Projet de médaille adopté par la Ville de Paris pour être exécuté à l'occasion de l'achèvement de la Bourse et du Tribunal de Commerce.

Salon de 1827

Depaulis, rue Saint-Germain-des-Prés, n° 15.

1228. Cadre de médailles, savoir :

L'avènement au trône.

Le sacre.

Pose de la première pierre des barrières de Pantin et de Rochechouart.

Médaille pour les avocats au Conseil du Roi.

Jeton de l'Imprimerie nationale.

Dubois (Eugène).

1238. Un cadre de médailles contenant, savoir :

Anniversaire du 3 mai.

Les portraits de LL. AA. RR. Madame, Mgr le duc de Bordeaux, Mademoiselle.

Un jeton du Musée Royal.

Michaut.

1283. Un cadre contenant les épreuves de monnaies de LL. MM. Louis XVIII et Charles X.

Les portraits de Louis XVIII et Charles X.
La Médaille du poète Ducis.
La Médaille de David.
La Médaille du Dr Broussais.
Jetons des notaires de Paris.

SALON DE 1831

BOVY, 7, rue de Grenelle St-Honoré.

2301. Cadre de médailles représentant :
Deux portraits de S. M. Louis-Philippe Ier.

BRENET, 13, cour de la Ste-Chapelle.

2303. Fin du règne de Napoléon.
(Le coin de cette médaille appartient à l'auteur.)

FEUVRIER, 9, rue des Petits-Augustins.

3180. Un cadre contenant deux médailles, dont une en argent offre l'effigie du Roi, et l'autre en bronze est relative aux mémorables journées des 27, 28 et 29 Juillet.

SALON DE 1833

MONTAGNY, 11, rue des Juifs.

2793. Grand modèle en bronze d'une médaille de 26 lignes de diamètre, représentant d'un côté, S. M. Louis-Philippe Ier; de l'autre, la France conduite par son génie de gloire et de prospérité; la révolution de juillet 1830 et l'avènement au trône du Roi des Français.

2794. Un cadre clichés de médailles, représentant la même médaille que ci-dessus.

Timbre de la Société libre des Beaux-Arts, d'après le dessin de M. Hittorff.

Jeton de la Société libre des Beaux-Arts.

Jeton pour le commerce de charbon de bois de la Ville de Paris.

Médaille des prix accordés par le gouvernement, à l'effigie du Roi.

2

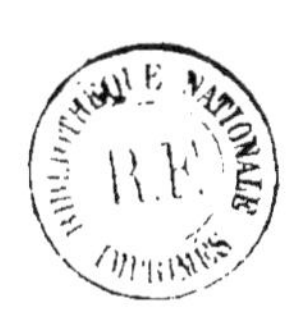

DEPAULIS, 8 *ter*, rue de Furstemberg.

3298. Cadre de médaillons et jetons, contenant :
Buste du Roi, médaillon en bronze ;
Jetons à l'effigie du Roi ;
Médaillons en bronze de M. le baron de Laugière.

VIVIER.

3306. Un cadre de médaille contenant :
Un portrait du Roi, vu de face ;
Un portrait de l'abbé de M. de la Mennais.

SALON DE 1834

BARRE, père, 14, rue des Marais-Saint-Germain.

2166. Médaille représentant la visite de la famille royale à la Monnaie des Médailles.

GATTEAUX (E.), 35, rue de Lille.

2195. Médaille pour le prix d'émulation de l'Ecole royale des Beaux-Arts.

SALON DE 1835

BAUCHERY (Roland), 28, rue des Gravilliers.

2180. Médaillon en bronze de M. Michel Masson.

BOVY (Antoine), passage Dauphine.

2190. Médaille du jubilé de la réformation, modèle en plâtre.

CAQUÉ, quai Conti, à la Monnaie Royale.

2192. Modèle en plâtre d'Henri III.

ROGAT (E.), 13, rue d'Anjou-Dauphine.

2317. Un cadre contenant le modèle de la médaille de M. Salverte.

BARRE père, 14, rue des Marais-Saint-Germain.

2364. Un cadre contenant :
(1) Projet de médaille. Le roi refuse pour son fils la couronne des Belges.
(2) Médaille destinée à récompenser les actions de dévouement (M. I.).

BAUCHERY, 28, rue des Gravilliers.

2365. Un cadre contenant :

(1) Une médaille de Béranger.

(2) Une médaille de Béranger.

BOVY (Antoine), passage Dauphine.

Médailles en bronze de Cuvier et du monument à J.-J. Rousseau.

BRENET, 13, cour de la Sainte-Chapelle.

2375. Médaille pour la prestation de serment des villes de France à Louis Philippe Ier, Roi des Français, modèle.

2376. Médailles représentant les deux statues de Napoléon, placées sur la colonne en 1810 et en 1833.

MONTAGNY, 11, rue des Juifs.

2454. Cadre contenant :

(1) Modèle en bronze de la médaille représentant la Vérité qui éclaire la Justice et le Génie du mal vaincu; pour revers, une couronne de laurier avec cette inscription : *Bella franget veritas.*

(2) Médaille de la Société libre des Beaux-Arts.

ROGAT, 13, rue d'Anjou-Dauphine.

2447. Médailles, entr'autres celle de M. Salverte.

SALON DE 1837

BARRE père, 14, rue des Marais-Saint-Germain.

2037. Un cadre contenant :

(1) Médaille de la bibliothèque latino-Française, publiée par M. Pankouke; côté principal et revers.

(2) Médaille du chemin de fer de Paris à Saint-Germain. Côté principal et revers.

DIEU (Claude-Marie-François), 26, rue des Petits-Augustins.

2050. Grande médaille d'émulation de l'Ecole royale des Beaux-Arts, d'après M. Ingres.

SALON DE 1838

BARRE père, 14, rue des Marais-Saint-Germain.

1808. Portraits de LL. AA. RR. M. le duc et Mme la duchesse d'Orléans ; médaillon en plâtre. Ce médaillon a servi à l'exécution de la médaille frappée à l'occasion des fêtes du mariage données par la Ville de Paris.

SALON DE 1839

BRENET, 13, cour de la Sainte-Chapelle.

2306. Un cadre contenant deux médailles :
L'attaque de l'Hôtel-de-Ville, le 28 juillet 1830.
La prise du Louvre, le 29 juillet 1830.

GALLE, 10, rue de la Planche.

2328. Un cadre contenant plusieurs empreintes de médailles.
(1) Conquête d'Alger.
(2) Portrait du Roi.
(3) Portrait de M. Dupin, etc.

OUDINÉ (Eugène), rue de la Chaise, n° 10.

2362. Un cadre contenant :
(1) La médaille de l'amnistie : d'un côté, la clémence royale arrête le cours de la justice ; au revers, le portrait du Roi.
(2) Portrait de Cambacérès.

SALON DE 1840

BOVY (Antoine), 5, rue de la Bienfaisance.

1779. Louis-Philippe Ier, roi des Français ; médaillon en bronze.

CAUNOIS, 37, rue du Four-Saint-Germain.

1785. Médaille du monument de la Bastille.

SALON DE 1841

DEPAULIS, 8 *ter*, rue de Furstemberg.

2056. Médailles en bronze et modèle.
(1) Achèvement des monuments de Paris : Le Roi entouré de l'Abondance et de la Paix, ordonne l'achèvement des monuments de Paris. Le génie des Arts présente à S. M. les plans des édifices commencés ; le

Roi désigne l'arc de triomphe de l'Etoile, monument élevé à la gloire des armées françaises.

(2) Portrait du Roi.

(3) Le baron Silvestre de Sacy. Médaille exécutée pour l'académie des Inscriptions et Belles-Lettres.

(4) Médaille de l'institution Massin, fondée en 1810.

SALON DE 1842

FAROCHON (E.), 76, rue d'Enfer.

1942. Cadre contenant :

(1) Une médaille, portrait du Roi, le revers composé sur la devise de la garde nationale représente le maintien de l'ordre et des institutions de 1830 (M. I.).

(2) Une médaille portrait de M. Ingres.

MASSON (Jean-Auguste), 17, rue St-Florentin.

1980. Portrait de Richard Lucas; médaillon en bronze.

SALON DE 1845

BORREL (Valentin-Maurice), 2, rue d'Anjou-Dauphine.

2044. Cadre de médailles et médaillons.

(1) Portrait de S. A. R. Mgr le prince de Joinville, à l'occasion du bombardement de Mogador.

(2) Portrait de feu S. A. R. Mgr le duc d'Orléans; revers, chapelle Saint-Ferdinand.

(3) Portrait de M. Guizot, face et revers.

BOVY (Antoine), 11, place Royale.

2047. Médaille commémorative de la loi des chemins de fer, bronze. (M. T. P.).

OUDINÉ (Eugène-André), 10, rue de la Chaise.

2154. Un cadre de médailles et médaillons en bronze, savoir :

(3) Médaille à la mémoire du contre-amiral Dumont d'Urville; d'un côté son portrait, et de l'autre le monument élevé à sa mémoire par la Société de Géographie.

(4) Médaille du général Boinod; hommage rendu à sa mémoire par l'intendance militaire.

(5) Portrait à M. Lacave-Laplagne, ministre des Finances.
(6) Portrait de Galle aîné, graveur, membre de l'Institut.
(7) Médaille représentant Cérès (commandée par le Comité des Monnaies).
(8) Médaillon représentant Vulcain avec les attributs de forge et fonderie.
(9) Tous les médaillons en bronze des médailles ci-dessus énoncées.

VAUTIER-GALLE (André), 10, rue de la Chaise.

2182. Médaille.

(1) Portrait de Monge (commandée par le Comité des Monnaies.)

SALON DE 1847

CAUNOIS (Augustin), 37, rue du Four-Saint-Germain.

2038. Deux médaillons en plâtre, et huit médailles en argent, bronze et étain.

(1 et 2) Modèle de la médaille du monument de Molière; le monument et la tête de Molière.
(3 et 4) Épreuves en étain de la médaille de S. A. R. Mgr le duc d'Orléans, signant la proclamation de la lieutenance générale du royaume.
(5) Médaille de M. le comte Molé.
(6) Revers de la médaille faite en l'honneur de Parmentier (commandée par l'Administration des Monnaies et Médailles).
(9 et 10) Médaille du monument Molière; tête et revers.

SALON DE 1848

BORREL (Valentin-Maurice), 2, rue d'Anjou-Dauphine.

4627. Cadre contenant dix médailles et deux jetons en bronze, un médaillon en bronze et cinq médaillons en plâtre bronzé.

(1) Portrait du pape Pie IX; plâtre bronzé; deux médailles,

même sujet, face et revers ; bronze gravé à l'occasion de l'amnistie.

(3) Portrait de Mlle Mars ; plâtre bronzé ; deux médailles, même sujet, face et revers, bronze.

(4) Portrait de M. Coster, docteur en médecine ; plâtre bronzé ; deux médailles, même sujet, face et revers, bronze.

(5) Portrait du général Bourmont ; plâtre bronzé.

(6) Portrait de M. de Genoude ; plâtre bronzé.

Médailles :

(1) Deux médailles de l'abbé de l'Épée, face et revers (commandées par la Commission des Monnaies pour la collection des Hommes utiles) ; bronze.

(2) Médaille en portraits superposés de MM. Edgar Quinet, Jules Michelet et Adam Mickiewitz, professeurs au Collège de France ; face et revers, bronze.

DANTZEL, 14, rue de Savoie.

4689. Blaise Pascal ; médaille en bronze (commandée par la Commission des Monnaies et Médailles).

FAROCHON (Eugène), 47, rue d'Enfer.

4749. Deux médailles de Casimir Delavigne (ces deux médailles ont été exécutées pour la Commission des Monnaies et Médailles).

PINGRET (Arnold), 5, rue Guénégaud.

4874. Un cadre de médailles, médaillons et jetons.

Michel de l'Hôpital ; modèle et médaille pour la Commission des Monnaies et Médailles.

Bourgelot ; modèle et médaille pour la Société de Médecine vétérinaire.

Figure allégorique ; médaille pour le Conseil des avocats de Paris.

Mlle Rachel ; modèle et médaille.

Halage de la place de la Concorde.

Jeton pour la Compagnie de Seyssel.

Jeton pour la Compagnie d'Ivry.

SEIDAN (Venzeslao), 10, hôtel et rue Saint-Benoît, faubourg Saint-Germain.

4902. Cadre contenant deux médailles et deux revers ; en bronze.
(1) Portrait de M. Cornelius.
(2) Portrait de M. Overbeck.

VAUTHIER-GALLE (André), 10, rue de la Chaise.

4923. Médailles en bronze.
Portrait de Gaspard Monge ; modèle en bronze.
Même sujet ; médaille et revers.
Portrait de Mathieu Dombasle ; modèle en bronze.
Même sujet ; médaille et revers.

SALON DE 1849

FAROCHON (Eugène), 47, rue d'Enfer.

2193. Un cadre de médailles contenant :
(1) Quatre pièces exécutées pour le concours des monnaies d'argent, de cuivre et d'or, au type de la République et conformément au programme du concours.
(2) Le modèle de l'une de ces pièces.
(3) Une médaille d'Eugène Sue, exécutée pour la Commission de la souscription nationale de la Démocratie Pacifique et du Populaire.
(4) Une médaille de Casimir Delavigne, pour la collection des Hommes illustres que fait exécuter la Commission des Monnaies et Médailles.
(5) Un jeton de présence pour la Commission administrative du sous-comptoir de l'Industrie du bâtiment.
(6) Un jeton de présence pour l'Imprimerie Nationale.

SALON DE 1850

BORREL (Valentin-Maurice), 2, rue d'Anjou-Dauphine. Médaille de 3ᵉ classe.

3193. Un cadre de médailles :

(1) Le général Oudinot; plâtre bronzé; deux médailles gravées à l'occasion de l'expédition de Rome.

(2) Émile de Girardin; plâtre bronzé; deux médailles, même sujet, bronze.

(4) Mgr Denis-Auguste Affre, archevêque de Paris; deux médailles.

(5) Victor Hugo; plâtre bronzé; une médaille, même sujet, bronze.

(6) Tête de la République; plâtre bronzé; une médaille même sujet, bronze (commandée par la Commission des Monnaies et Médailles).

(7) M. de Lamartine; médaille, bronze.

(8) Tête de la République; bronze.

Caqué (Armand), 15, quai Conti.

3229. Cadre contenant :

(1) Médaille commémorative du prince Louis-Napoléon, président de la République (commandée par le Ministère de l'Intérieur, sous la direction de M. de Nieuwerkerke).

Carrier, 103, rue du Faubourg-Saint-Denis.

3221. Deux médailles en bronze:

Portrait de M. Péquenot.

Portrait de M. Auguste Cain.

Merley (Louis), 12, rue Cassette. Grand prix de Rome.

3520. Modèle et médaille d'un type de la République Française, bronze (commandée par la Commission des Monnaies).

Pièce de 20 francs qui a remporté le premier prix au concours des monnaies de 1848.

Modèle en bronze et pièce de 20 francs, titre en circulation (tête et revers).

Pièce de 10 francs (tête et revers).

Oudiné (Eugène-André), 10, rue de la Chaise. Grand Prix de Rome. Médaille 1re classe.

3549. Modèle en bronze et médaille en bronze, type de la République Française (commandée par la Commission des Monnaies et Médailles).

Modèles en bronze de la tête et revers de la médaille commémorative de l'établissement de la République Française.

Cette médaille a obtenu le prix au concours de 1848.

Médaille en bronze de la Société des architectes.

Pièce de monnaie de 5 francs, qui a obtenu le premier prix au concours de 1848.

Modèle en bronze et pièce d'or de 20 francs (tête et revers), qui a obtenu le second prix au concours de 1848.

Modèle en bronze et pièce de cuivre de 10 centimes (tête et revers), qui a obtenu un second prix au concours de 1848.

Modèle en bronze et pièce de 5 francs (tête et revers), telle qu'elle est en circulation.

Pièce de 2 francs (tête et revers).

Pièce de 1 franc (tête et revers).

Pièce de 50 centimes (tête et revers).

Pièce de 20 centimes (tête et revers).

Salon de 1852

Bovy (Antoine), né à Genève, élève de M. Pradier. Médaille 2e classe (Gravure en médailles), 1835; rue d'Enfer, 31.

1312. (2) Épreuve de la médaille accordée aux sculpteurs comme récompense à la suite de l'exposition des Beaux-Arts.

Montagny (P.-L.), né à Saint-Étienne (Loire), élève de Montagny, son oncle, et Cartellier; à Belleville, rue de Charonne, 11.

1494. Médaille commémorative de l'élection du Prince Président de la République, face et revers.

1495. Mgr Gousset, cardinal, archevêque de Reims, sénateur; médaille.

Oudiné (Eugène-André), né à Paris, élève de MM. Galle, Petitot et Ingres Premier Grand Prix de Rome (Gravure en Médailles), 1831.

— Méd. 2e cl. (Sculpture), 1837 et 1848. — Méd. 1re cl. (Gravure en Médailles), 1843; rue de la Chaise, 10.

1507. Médaille commémorative du 2 décembre 1851; modèle, plâtre.

Face : Louis-Napoléon-Bonaparte, conduit par la Sagesse, terrasse l'hydre de l'anarchie; la France reconnaissante lui décerne la couronne civique.

Revers : Le Prince Président de la République.

VAUTHIER-GALLE (André), né à Paris, 1818, élève de MM. Galle, Petitot et Blondel. Premier Grand Prix de Rome (Gravure en médailles), 1839; rue de la Chaise, 10.

1547. Épreuve de la médaille accordée aux peintres comme récompense à la suite de l'exposition des Beaux-Arts.

SALON DE 1853

BORREL (Maurice-Valentin), né à Montataire (Oise), élève de M. Barre, père. Méd. 3e cl. (Gravure en médailles), 1842; rue d'Anjou-Dauphine, 4.

1243. L'Empereur; médaille, bronze.

1244. L'Empereur; médaille, face et revers (commandée par la ville de Paris).

1245. L'Impératrice; médaille, face et revers.

MERLEY (Louis), né à Saint-Étienne (Loire), élève de Galle et Pradier et de M. David d'Angers; premier Grand Prix de Rome (Gravure en pierre fines et médailles), 1843. Méd. 2e cl., 1851; rue Cassette, 12.

1441. Médailles.

Le Maréchal Bugeaud, duc d'Isly (commandée par la Commission des Monnaies et Médailles).

OUDINÉ (Eugène-André), rue de la Chaise, 10.

1468. Médaille commémorative de l'inauguration du tombeau de l'Empereur Napoléon, face et revers.

Salon de 1855

Borrel (Valentin-Maurice), rue d'Anjou-Dauphine, 4.

4254. Médaillons et médailles.

L'Empereur; médaillon, bronze.

L'Empereur; médaille, face et revers, bronze.

Portrait de M. Bouvard; médaillon, bronze.

Portrait de M. Bouvard; médaille, bronze.

Corneille et Molière; jeton, face et revers, bronze.

Hippolyte Triat; médaille, face et revers, bronze.

Theaulon; médaillon, bronze.

Theaulon; médaille, face et revers, bronze.

Le chancelier de l'Hôpital; médaillon, bronze.

Le chancelier de l'Hôpital; jeton, face et revers, argent.

4255. Médaillons et médailles.

Andrieux; médaillon, bronze.

A. Mickiewitz, J. Michelet, E. Quinet; médaille face et revers, bronze.

James Montgomery; médaille face et revers, bronze.

M. Émile de Girardin; médaille face et revers, bronze.

L'abbé de l'Épée; médaillon, bronze.

M. Touraugin; médaillon, bronze.

M. Tourangin; médaille, face et revers, bronze.

Bouvet (Louis-Charles), né à Paris, élève de M. Toussaint; rue Castiglione, 14.

4257. Médailles et modèles.

(1) L'Empereur et l'Impératrice; médaille cliché.

(2) Épreuve de la pièce de 5 francs.

Chabaud (Louis-Félix), né à Venelles (Bouches-du-Rhône), élève de Pradier; rue de Notre-Dame-des-Champs, 49.

4277. Napoléon III; médaille, bronze.

Dantzell (Joseph), né à Lyon (Rhône), élève de l'École de Lyon; rue de Savoie, 12.

4313. Médaille commémorative de la refonte des monnaies de bronze, face et revers; cliché (M. des Finances).

DEPAULIS (Alexis-Joseph), né à Paris, élève d'Andrieu et de Cartellier; rue de Furstemberg, 6.

4328. Portrait de M. de Bourgelat, fondateur des Écoles vétérinaires (M. de l'Agriculture et du Commerce).

4329. La cérémonie funèbre du 6 juillet 1848; médaille commandée par l'État.

M. Sylvestre de Sacy; médaillon et cliché de la médaille. (Académie des Inscriptions et Belles-Lettres.)

Portrait de M. Massin, chef d'institution; médaillon et cliché de la médaille.

MERLEY (Louis), rue de la Pépinière, 120.

4494. Médailles et médaillons.

Le maréchal Bugeaud, duc d'Isly; médaille, commandée par la Commission des Monnaies et Médailles (Salon de 1853).

Le chemin de fer de Ceinture; médaille.

Le chemin de fer de Paris à la Méditerranée; médaille, commandée par l'État.

VAUTHIER-GALLE (André), rue de la Chaise, 10.

4583. Modèles et médailles.

(1) Bernard de Palissy; modèle et médaille, face et revers.

Mgr l'archevêque de Paris; modèle et médaille, face et revers.

Mathieu de Dombasle, fondateur de l'École de Roville; médaille (Salon de 1849).

SALON DE 1859

BORREL (Valentin-Maurice), rue d'Anjou-Dauphine, 4.

3091. Deux médaillons et quatre médailles.

Portrait de M. A. Lourmand; médaillon, bronze.

Portrait de M. Provost, de la Comédie-Française; médaillon, bronze.

Portrait de M. A. Lourmand; médaille, bronze, avers et revers.

Portrait de M. Provost, de la Comédie Française; médaille, bronze, avers et revers.

MERLEY (Louis), rue de la Pépinière, 120.

3395. Inauguration de l'église Sainte-Clotilde; modèle et médaille commémorative, bronze, avers et revers (P. S.).

3395. La Sécurité ; médaille, bronze.

VAUTHIER-GALLE (André), rue de la Chaise, 10.

3506. Commémoration de la construction du pont de l'Alma; modèle de médaille.

SALON DE 1861

DANTZELL (Joseph), rue de Savoie, 12.

3276. Médaille de l'établissement des halles centrales ? cliché en cuivre (commandée par la Commission des Monnaies et Médailles).

FAROCHON (Eugène), né à Paris, élève de David d'Angers; rue d'Enfer, 47 et 58.

3338. Jeton exécuté pour la Société des Bibliophiles français (Deux modèles et deux clichés).

MERLEY (Louis), rue de la Pépinière, 120.

3488. Médaillons et camées.

Portrait de M. Clérot, conservateur du musée monétaire de Paris; médaillon, bronze.

Portrait de M. Marcotte de Quivières, commissaire général des monnaies et médailles; médaillon, bronze.

OUDINÉ (Eugène-André).

3537. Médaille du corps municipal de la Ville de Paris, avers et revers (P. S.).

Portrait de S. A. I. le prince Napoléon; médaillon, bronze.

Portrait de M. Gatteaux, membre de l'Institut; médaille, bronze.

Portrait de M. A. A. E. Oudiné fils; médaillon, bronze.

Portrait de M. M. Delafontaine ; médaille, bronze.

PONSCARME (François-Joseph-Hubert), né à Belmont (Vosges), élève de MM. Oudiné et A. Dumont.

3559. Portrait de M. G. Mabru; médaillon, bronze.

ROUX (Julien), né à Saint-Michel de Ghaisne (Maine-et-Loire), élève de M. Jouffroy.

3601. Portrait de M. Emmanuel de Cossé, comte de Brissac; médaillon, bronze.

3602. Portrait de l'abbé Vincelot; médaillon, bronze.

SALON DE 1863

CHABAULT (Louis-Félix), né à Venelles (Bouches-du-Rhône), élève de Pradier; rue Bréda, 5.

2283. Médaille commémorative de la fondation de l'église Saint-Bernard par l'Empereur Napoléon III; avers et revers.

DUBOIS (Alphée), né à Paris, élève de MM. Duret et Barre; rue d'Ulm, 38.

2337. Médaille à l'effigie de M. de Montigny, commandée par la Société d'acclimation (avers et revers).

Médaille à l'effigie de M. Viennet, commandée par la grande Loge du rite écossais ancien (avers et revers).

GATINEL (Hippolyte-Frédéric), né à Compiègne (Oise), élève de MM. Jouffroy et J. Lequien; boulevard de Montrouge.

2383. Portrait de M. Gatinel père; médaillon, bronze.

PONSCARME (François-Joseph-Hubert), rue Campagne-Première, 17.

2530. Médailles:

L'Empereur Napoléon III; bronze.

Portrait de Dupré, graveur en médailles; plâtre, commandé par son fils, M. Narcisse Dupré.

SALON DE 1864

DEGEORGE (Charles), né à Lyon, élève de H. Flandrin et de Duret; rue des Beaux-Arts, 17.

2577. Portrait de M. Layraud; médaillon, bronze.

Dubois (Alphée), rue Mazarine, 37.

2588. Deux médailles, bronze.

(1) S. M. l'Empereur : face.

(2) M. Menier : face et revers.

Rouillon (Pierre-Philibert), né à Savigny-le-Temple (Seine-et-Marne), élève de H. Chapu ; rue de Tournon, 1.

2763. Portrait de M. E. Seguin ; médaillon, bronze.

Salon de 1865

Astoud-Trolley (Mme Louise), née à Paris, élève de Monanteuil ; place du Panthéon, 9.

2851. Portrait de M. Auguste Préault ; médaillon, bronze.

Borrel (Alfred), rue Gît-le-Cœur, 6.

2880. Le comte Jean Nigia ; bronze ; face et revers.

Borrel (Valentin-Maurice), rue d'Anjou-Dauphine, 4.

2881. Deux médailles.

L'amiral Joseph Bruat ; médaillon, bronze ; et médaille, bronze : face et revers. (M. de la Maison de l'Empereur et des Beaux-Arts.)

Petitot (Louis), médaillon, plâtre bronzé ; et médaille, face et revers.

Caillé (Joseph), né à Nantes, élève de F. Duret ; boulevard Montparnasse, 161.

2888. Portrait de M. Leboucher ; médaillon, bronze.

Frémy (Edouard), né à Paris ; rue de Port-Royal, 12.

2985. Portrait de M. Pasquier ; médaillon, bronze.

Mathieu-Meusnier, né à Paris, élève de M. Dumont ; rue Notre-Dame-des-Champs, 59.

3072. Portrait de M. Em. Ollivier, député de la Seine ; médaillon, bronze.

Rouillon (Pierre-Philibert), rue de Tournon, 1.

3142. Portrait de M. L. Warnet ; médaillon, bronze.

Salon de 1866

Borrel (Valentin-Maurice), rue d'Anjou-Dauphine, 4.

2644. Le maréchal Pélissier, duc de Malakoff ; médaillon plâtre. et médaille ; clichés, bronze ; face et revers. (M. de la Maison de l'Empereur et des Beaux-Arts.)

2645. P. Pompée, fondateur de l'école Turgot : médaillon plâtre, et médaille ; clichés, bronze ; face et revers.

Mangliér (Henri-Charles), né à Paris, élève de Ramey et de M. Dumont ; boulevard Saint-Michel, 141.

2877. Portrait de M. Bonnet ; médaillon, bronze.

Salon de 1867

Borrel (Alfred), rue Gît-le-Cœur, 6.

2146. Portrait de M. Alphonse Pagès, homme de lettres ; médaillon, bronze.

Borrel (Valentin-Maurice), rue d'Anjou-Dauphine, 4.

2147. Médaillons et médailles.

(1) Le général Georges Thomas ; médaillons plâtre, et médaille, bronze, face et revers.

Bovy (Antoine), rue Carnot, 7.

2151. Médailles, bronze.

(1) Médaille commémorative de la visite de S. M. l'Impératrice et de S. A. le Prince Impérial à la Banque de France. (Banque de France.)

(2) Médaille commémorative de l'application de l'électricité à la télégraphie. (Commission des monnaies et médailles.)

Burdy (Henri), né à Grenoble, élève d'Oudiné ; rue de l'Ouest, 36.

2156. Portrait de M. Vaubourzeix ; médaillon, bronze.

Clere Prosper-Georges), né à Nancy, élève de F. Rude ; boulevard de Clichy, 48.

2182. Portrait de M. le baron Larrey, chirurgien de S. M. l'Empereur ; médaillon. bronze.

Merley (Louis), né à Saint-Etienne, élève de Pradier, de David d'Angers et de Galle ; rue de Penthièvre, 32 et 34.

2391. Médailles et camée.

(1 et 2) Médaille commémorative de l'achèvement du Tribunal de Commerce à Paris ; bronze, face et revers (P. S.).

(3) Portrait de M. de la Morandière ; camée, onyx orientale.

Poitevin (Auguste), né à la Fère (Aisne), élève de F. Rude et de Maindron ; rue de Paris, 78 bis (Belleville).

2434. Portrait de M. Holacher ; médaillon, bronze.

2435. Portrait de Mme Holacher ; médaillon, bronze.

Salon de 1868

Beaucerf (Louis-Désiré), né à Chevilly (Loiret), élève de E. Trouvé et E. Levasseur ; rue de l'Odéon, 21.

3413. Portrait de M. V. Gilbert ; médaillon, bronze.

Bourgeois (Louis-Maximilien), né à Paris, élève de Jouffroy et G. S. Thomas ; rue de Vaugirard, 107.

3437. Portrait de M. Leblanc, membre de l'Académie impériale de Médecine ; médaillon, bronze.

Décourcelle (Edouard-Louis), né à Paris ; rue Vivienne, 22.

3523. Portrait de M. E. Adam ; médaillon, bronze.

3524. Prix pour la navigation de plaisance, modèle de médaille ; médaillon, bronze.

Duboy (Paul), né à Tours, élève de Gechter et Carle Elshoect ; rue Popincourt, 11.

3560. Portrait de Mme Héloïse Duboy ; médaillon, bronze.

Frémy (Edouard), rue du Faubourg Saint-Jacques, 5.

3606. Portrait de Mme Castal ; médaillon, bronze.

Préault (Auguste), né à Paris, élève de David d'Angers ; exempt ; rue de l'Ouest, 36.

3810. Mikiewicz (Adam) ; médaillon, bronze.

Borrel (Alfred), rue Git-le-Cœur, 6.

3888. Médaillon et médaille commémorative de la visite de l'Empereur et de l'Impératrice dans les hôpitaux de Paris ; 2 clichés, bronze (P. S.).

BORREL (VALENTIN-MAURICE), rue d'Anjou-Dauphine, 4.

3889. Médaillon et médailles, S. E. le duc de Morny; médaillon plâtre, et médailles, face et revers. (M. de la Maison de l'Empereur et des Beaux-Arts.)

BOVY (ANTOINE), rue Carnot, 7.

3890. Médaille commémorative du départ de l'Empereur pour la campagne d'Italie, face et revers. (M. de la Maison de l'Empereur et des Beaux-Arts.)

DUBOIS (Alphée), rue Mazarine, 37.

3895. Médaille commémorative de la visite de S. M. le roi de Suède et de Norvège à l'Exposition Universelle de 1867; clichés, bronze.

FAROCHON (Eugène), rue Vaneau, 80.

3897. J. A. D. Ingres; médaillon, bronze. (Commandé par la Commission des monnaies et médailles pour la collection des hommes célèbres.)

MERLEY (Louis), rue de Penthièvre, 34.

3905. Deux médaillons, modèle de la médaille du pont-viaduc d'Auteuil, chemin de fer de ceinture. (M. de l'Agriculture, du Commerce et des Travaux publics.)

OUDINÉ (Eugène-André), rue Vavin, 19.

3906. J. A. D. Ingres; médaille. (M. de la Maison de l'Empereur et des Beaux-Arts.)

PONSCARME (François-Joseph), rue Campagne-Première, 17.

3908. Annexion des Communes suburbaines, droit et revers; médaille, bronze (P. S.).

SALON DE 1869

CHAPUY (Jean-Baptiste-Agénor), né à Francheville (Eure), élève de Calmels et Jouffroy.

3299. Portraits de M. et Mme Abel de Pujol; médaillon, bronze.

COOL (Mme Delphine de), née à Limoges, élève de Poitevin père; rue Piat, 21 (Belleville).

3325. Portrait de M. Théodore de Banville; médaillon, bronze.

Duboy (Paul), rue Neuve-Popincourt, 11.

3402. Portrait de M. Paul Fouchet; médaillon, bronze.

Poitevin (Auguste-Flavien), rue de la Marc, 30 (Belleville).

3645. Portrait de M. Georges Hanil, chef d'orchestre de l'Opéra, etc ; médaillon, bronze.

Roux (Julien), né à Saint-Michel de-Ghaisne-Chauveaux (Maine-et-Loire), élève de Jouffroy; avenue de Saxe, 39.

3687. Portrait de M. L. C. Davou, officier du génie; médaillon, bronze.

Borrel (Alfred), rue Gît-le-Cœur, 6.

3766. Le docteur Alexandre Blanchet; médaille, bronze.

Borrel (Valentin-Maurice), rue de Nesles, 4.

3767. Pelouze, membre de l'Institut, président, membre de la Commission des Monnaies; médaillon, bronze, et deux clichés, bronze; face et revers. (Commandé par la Commission des Monnaies et Médailles.)

Bovy (Antoine), rue Carnot, 7.

3768. Médaillons et médailles. Portrait de Eynard; médaillon, plâtre.

Charles Dupin : médaillon, plâtre, et médaille, bronze, face et revers.

Chaplain (Jules-Clément), né à Mortagne (Orne), élève de Jouffroy et Oudiné ; rue Notre-Dame-des-Champs, 28.

3770. Médaillons et médailles : Médaille commémorative de l'Exposition Universelle de 1867 ; face et revers. (M. de la Maison de l'Empereur et des Beaux-Arts.)

Médaillon plâtre de jeton de présence de la Commission de dessin (P. S.).

Portrait de M. Robert Robert-Fleury ; médaillon, bronze.

Portrait de Mme Carolus-Duran ; médaillon, bronze.

Dubois (Alphée) ; rue Mazarine, 37.

3772. Médaillons et médailles.

(1) Médaille commémorative de la découverte de la centième planète ; modèle plâtre, clichés bronze ; face et revers. (Commission des Monnaies et Médailles.)

(2) L'Horticulture ; médaille, cliché bronze. (Commission des Monnaies et Médailles.)

MERLEY (Louis) ; rue de Penthièvre, 34.

3784. Médaille.

(1) Pont-viaduc d'Auteuil, Chemin de fer de Ceinture. (M. de l'Agriculture, du Commerce et des Travaux publics).

OUDINÉ (Eugène-André) ; rue Vavin, 19.

3785. Quatre médailles, bronze.

(1) J. D. Ingres ; face et revers. (M. de la Maison de l'Empereur et des Beaux-Arts.)

(2) Le général Poncelet, membre de l'Institut ; face et revers. (Commission des monnaies et médailles.)

(3) M. Mathieu, membre de l'Institut, en souvenir du cinquantième anniversaire de son entrée à l'Académie des Sciences. (Commission des Monnaies et Médailles.)

(4) Gatteaux, statuaire, membre de l'Institut.

PONSCARME (François-Joseph-Hubert) ; rue Campagne-Première, 17.

3786. Portrait de M. Joseph Naudet, membre de l'Institut ; médaille, face et revers.

TASSET (Ernest-Paulin), né à Paris, élève de Oudiné ; rue Mazarine, 37

3790. La bienfaisance secourant les malheureux ; médaille, face et revers. (Bureau de bienfaisance du 18e arrondissement.) (P. S.)

SALON DE 1870

BURDY (Henri-Auguste) ; à Triel (Seine et-Oise).

4311. Portrait de M. Eugène Guelle ; médaillon, bronze.

4312. Portrait de Mlle Marie Lainé ; médaillon, bronze.

FRÉMY (Édouard ; rue du Faubourg-Saint-Jacques, 5.

4519. Portrait de M. Gruet ; médaillon, bronze.

4520. Portrait de M. James Bouvier ; médaillon, bronze.

FONDERIE (Henry), né à La Haye (Hollande), élève de A. Toussaint ; rue de Clignancourt, 59.

Portrait de M. Victor Quénescourt ; médaillon, bronze.

LOUVAIN (Mme Anna), née à Paris; rue Rochechouart, 38.
4698. Portrait de M. L. Simonin; médaillon, bronze.

OUDINÉ (Eugène-André); rue Vavin, 19.
4768. Modèle de la médaille commémorative de l'Apothéose de Napoléon Ier, d'après le plafond de Ingres; médaillon, bronze. (Appartient au Musée des Médailles.)

ROUBAUD aîné (François-Félix), né à Cerdon (Ain), élève de Pradier; rue Campagne-Première, 21.
4827. Portrait de M. le premier président Gilardin; médaillon, bronze.

ROUX (Julien), né à Saint-Michel-et-Chauveaux (Maine-et-Loire), élève de Jouffroy; avenue de Saxe, 39.
4835. Berryer; médaillon, bronze.
4836. Portrait de M. Ratisbonne; médaillon, bronze.

SANSON (Justin-Chrysostôme), né à Nemours (Seine-et-Marne), élève de Jouffroy; rue du Cherche-Midi, 55.
4847. Portrait de M. le docteur Goupil des Pallières; médaillon, bronze.

BORREL (Maurice-Valentin); rue de Nesles, 4.
4916. Médaillons et médailles :
(1) Ponsard, face et revers, plâtre. (Commission des Monnaies et Médailles.)
(2) Médaille commémorative de l'inauguration de l'église de la Trinité; face et revers, bronze (P. S.).

BOVY (Antoine); rue Carnot, 7.
4917. S. M. l'Impératrice; médaillon, plâtre. (Commission des Monnaies et Médailles.)

CHAPLAIN (Jules-Clément); rue Notre-Dame-des-Champs, 28.
4918. Portrait de M. Ernest Renan; médaillon, bronze.

OUDINÉ (Eugène-André); rue Vavin, 19.
4930. Trois médailles bronze :
(1) Médaille commémorative de l'amnistie du 15 août 1869.
(2) Portrait de M. Ybry.

(3) Projet de la médaille commémorative du centième anniversaire de la naissance de Napoléon Ier, mise au concours par la Commission des Monnaies.

PONSCARME (François-Joseph-Hubert); rue Campagne-Première, 17.

4932. Médaille :

Portrait de LL. MM. l'empereur Napoléon III, l'impératrice Eugénie et S. A. le prince impérial; médaille tricéphale, bronze. Offerte par les instituteurs de France.

TASSET (Ernest-Paulin); rue Mazarine, 37.

4938. Médaille de la Compagnie d'assurances maritimes *la Prévoyance;* bronze.

Le Commerce et l'Industrie s'appuyant sur les attributs de la Comptabilité: face et revers, bronze. (Pour l'Association des comptables.)

SALON DE 1872

BORREL (Alfred); rue Monge, 6.

1563. M. Wée, ancien maire du Xe arrondissement.

(1) Médaillon, bronze; face.

(2) Médaille, bronze ; face et revers.

CAILLÉ (Joseph), né à Nantes, élève de Duret et de M. Guillaume; rue d'Enfer, 39.

1575. Portrait du docteur Lecoq; médaillon, bronze.

DUBOIS (Alphée); rue Mazarine, 37.

1660. Médaille commémorative de la découverte de l'atmosphère du soleil; modèle, plâtre; épreuves, bronze; face et revers.

1661. Médaille commémorative du centenaire de Napoléon Ier; bronze, revers.

DUBOY (Paul), rue de Commines, 8; impasse Froissard, 7.

1662. Portrait de Mme Fouchet; médaillon, bronze.

JETOT (Ernest-Charles), né à Paris, élève de Dumont; rue de Madame, no 49.

1734. Portrait de M. C. Pelletan ; médaille, bronze.

Lefebvre (Eugène-Pierre), né à Paris, élève de Rude; rue Blomet, 34 (Vaugirard).

1756. Médaille commémorative offerte à M. et Mme Menier, à l'occasion de l'édification de leur hôtel; bronze, face et revers.

Levillain (Ferdinand), né à Paris, élève de Jouffroy; rue Charles V, n° 17.

1768. Portrait de M. C. Sévin, statuaire; médaille, argent.

Oudiné (Eugène-André); rue Vavin, 19.

1808. Portrait de M. Mignet; médaille, bronze, face et revers.

Ponscarme (François-Joseph-Hubert); rue Campagne-Première, 17.

1819. Portrait de M. V. Schœlcher; médaillon, bronze.

1820. Portrait de M. L. Blanc; médaillon, bronze.

Salon de 1873

Amy (Jean-Barnabé), né à Tarascon (Bouches-du-Rhône), élève de A. Dumont et Bonnassieux; rue du Regard, 10.

1497. Portrait de M. Thiers, président de la République; médaillon, bronze.

Borrel (Alfred); rue Monge, 6.

1535. E.-J. Leclaire; médaille, bronze; face et revers.

Borrel (Valentin-Maurice); rue de Nesle, 4.

1536. Quétand, avocat; médaillon, bronze.

1537. Lambrecht, ancien ministre; médaille; modèle, plâtre; épreuve, bronze; face et revers.

Breuil (Léon-Michel), né à Flavigny (Côte-d'Or), élève de Ramey et de A. Dumont; rue de l'Ecole-de-Médecine, 107.

1545. Le maréchal de Vauban; médaillon, bronze.

Chautard (Victor-Saint-Just), né à Paris, élève de Guillaume et Ponscarme; boulevard de la Villette, 69.

1572. Théophile Gauthier; médaillon, bronze.

Delhomme (Léon-Alexandre), né à Tournon-sur-Rhône (Ardèche), élève de A. Dumont et Fabisch; rue de l'Abbé-Groult, 127 (Vaugirard).

1608. Portrait du docteur A. Pellat; médaillon, bronze.

DUBOIS (Alphée); rue Mazarine, 37.
1625. Chevreul, membre de l'Académie des sciences; médaille, bronze; face et revers. (Commandée par l'Académie des Sciences.)

INJALBERT (Antonin), né à Béziers (Hérault), élève de M. A. Dumont; rue du Regard, 10.
1719. Portrait de Mme veuve Faure; médaillon, bronze.

LEVILLAIN (Ferdinand); rue de Turenne, 34.
1767. Portrait de M. Jouffroy, membre de l'Institut; médaille, argent.

SALON DE 1874

AUVRAY (Louis), né à Valenciennes (Nord), élève de David d'Angers; rue Bréa, 5.
2650. Auvray père; médaillon, plâtre.

BOURGEOIS (Louis-Maximilien); rue de Vaugirard, 83.
2700. Portrait de M. Maurice Chevrier; médaillon, bronze.
2701. Portrait de M. E. de Pury; médaillon, bronze.

FACHE (René), né à Douai (Nord), élève de David d'Angers et de T. Bra; à Valenciennes (Nord).
2841. Portrait de M. Sirot; médaillon, bronze.

GAUVIN (Alfred), né à Héricourt-en-Caux (Seine-Inférieure), élève de M. Dournes; rue de Vanves, 61 (Plaisance).
2888. Portrait de M. Gambetta; médaillon, fer.

MACHAULT (Paul), né à Paris, élève de Simart; rue de la Fontaine-au-Roi, 45.
3019. Portrait de M. Quinsat; médaillon, bronze.
3020. Portrait de M. Lesaffre; médaillon, bronze.

CHAPLAIN (Jules-Clément); rue Notre-Dame-des-Champs, 28.
3206. Médaille commémorative des travaux de la Commission du mètre.
3207. L'Enseignement primaire; médaille.
3208. Médaille d'honneur des Salons. (M. Inst. p. et B.-A.)

Dubois (Alphée); rue Mazarine, 37.

3213. Médaille pour les récompenses décernées à la suite des Salons (section de peinture) ; modèle, plâtre; et épreuve, bronze ; face et revers. (M. Inst. p. et B.-A.)

3214. Becquerel père; médaille, plâtre; modèle et épreuve, bronze ; face et revers (Commandée par l'Académie des Sciences.)

Lagrange (Jean), né à Lyon, élève de Vibert et H. Flandrin ; boulevard Saint-Michel, 141.

3229. Milon de Crotone, d'après Puget ; médaille pour les récompenses décernées à la suite des Salons (section de sculpture) ; modèle et épreuve, plâtre. (M. Inst. p. et B.-A.)

Merley (Louis) ; rue de Penthièvre, 34.

3237. Fragment de la cour du Louvre de Pierre Lescot ; médaille pour les récompenses décernées à la suite des Salons (section d'architecture); épreuve, bronze. (M. Inst. p. et B. A.)

3238. La Prévoyance administrative; le marché aux bestiaux et les abattoirs généraux de la Villette; médaille, bronze, face et revers.

Roty (Louis-Oscar), né à Paris, élève de A. Dumont et Ponscarme ; rue Neuve-Popincourt, 11.

3247. Médaille commémorative du dévouement des Frères de la Doctrine chrétienne, pendant la guerre de 1870-71 ; modèle, plâtre.

Salon de 1875

Chapu (Henri-Michel-Antoine), né au Mée (Seine-et-Marne), élève de Pradier, de Duret et de L. Cognet ; rue Notre-Dame-des-Champs, n° 28.

2941. Portrait de M. Questel ; médaillon, bronze.

Dameron (François), né à Dijon, élève de Jouffroy ; Dijon, rue Vaillant, 3.

2997. Portrait de M. Gersant d'Isy ; médaillon, bronze.

FORCEVILLE-DUVETTE (Gédéon-Adolphe-Casimir de), né à Saint-Maulvis (Somme) ; à Amiens ; et à Paris, chez M. Verseron, avenue du Maine, 24-26, impasse du Maine, 3 *bis*.

3077. Portrait de M. J.-B. Gribeauval ; médaillon, bronze.

FRÉMY (Edouard-Pierre) ; rue Saint-Jacques, 330.

3086. Portrait de M. Robert ; médaillon, bronze.

LAURENT-DARAGON (Charles), né à Paris, élève de l'Ecole des Beaux-Arts ; rue de Vaugirard, 152.

3200. Portrait de Mlle E. Richard ; médaillon, bronze.

LEQUIEN (Justin), né à Paris, élève de son père ; rue des Petits-Hôtels, n° 19.

3222. Philibert Pompée, premier directeur de l'Ecole municipale Turgot ; médaillon, bronze.

LOUIS-NOEL (Hubert), né à Saint-Omer (Pas-de-Calais), élève de Jouffroy ; rue de Vaugirard, 108.

3245. Portrait de M. le président Quenson ; médaillon, bronze.

PRÉAULT (Auguste) ; rue d'Assas, 68.

3338. Portrait de M. Hue ; médaillon, bronze.

3339. Portrait de M. Aicar ; médaillon, bronze.

VERTEUIL (Henri de), né à Luçon (Vendée) ; à Saint-Remy, près Fontenay-le-Comte (Vendée).

3436. Portrait de Mgr Mermillod ; médaillon, bronze.

BORREL (Alfred) ; rue Monge, 6.

3450. La Justice ; modèle, plâtre. (Pour la Commission des Monnaies et Médailles.)

3451. Médaille de récompense pour la Société centrale d'Horticulture de France ; modèle, plâtre ; épreuve, bronze.

BORREL (Valentin-Maurice) ; hors concours ; rue de Nesle, 4.

3452. Pierre Corneille ; modèle, plâtre ; épreuve, bronze ; face et revers. (Pour la Commission des Monnaies et Médailles.)

CHAPLAIN (Jules-Clément) ; hors concours ; rue Vavin, 19.

3455. Médaille de récompense pour les actes de dévouement dans les incendies ; épreuve, bronze argenté. (Pour la Commission des Monnaies et Médailles.)

Dubois (Alphée); rue Mazarine, 37.

3458. Le maréchal Reille; épreuve, argent; face et revers.

Louis Pasteur; épreuve, bronze; face et revers. (Pour l'Académie des sciences.)

3460. Médaille pour les récompenses de 2e et de 3e classes (section de peinture), décernées à la suite des Salons; épreuve, argent; face. (M. Inst. p. et B.-A.)

Oudiné (Eugène-André); rue Vavin, 19.

3475. Chérubini; épreuve, argent.

3476. Portrait de Mlle M. Vauthier; épreuve, bronze argenté.

3477. Portrait de M. Thiers; épreuve, argent.

Soldi (Émile-Arthur), né à Paris, élève de Farochon, Lequesne et A. Dumont; rue de Bruxelles, 30.

3483. Hommage à Beethoven; modèle, plâtre, face; épreuves, bronze. face et revers (Pour la Société Philharmonique de Paris.)

3484. Médaille allégorique de la reconstruction des monuments de Paris; épreuve, plâtre; face.

Salon de 1876

Bouchon-Brandely (Germain), né à Bort (Corrèze), élève de Jouffroy; au Collège de France, place Cambrai, 1.

3099. Portrait de M. E. Laboulaye; médaillon, bronze.

3100. Portrait de M. S. Ozemoz; médaillon, bronze.

David d'Angers (Robert), né à Paris, élève de A. Millet; rue Pétrelle, 22.

3194. Portrait de M. J. Le Goupil; médaillon, bronze.

Declercq (Albert), né à Boulogne-sur-Mer (Pas-de-Calais); à Boulogne-sur-Mer, rue de l'Ecu, 34, et à Paris chez M. Lormier, rue de Vaugirard, 108.

3198. Portrait de feu M. Poigné; médaillon, bronze.

Féart (Adrien), né à Sedan, élève de M. A. L. Dautan; avenue de Wagram, 24.

3272. Portrait de M. Maron; médaillon, bronze.

3273. Portrait de M. Bretagne, vice-président de la Société protectrice des animaux ; médaillon, bronze.

Gouezou (Achille), né à Saint-Brieuc, élève de son frère ; rue Folie-Méricourt, 82.

3320. Portrait de Boisville ; médaillon, bronze.

Ross (Alfred), né à Tillières-sur-Avre (Eure), élève de Jouffroy; avenue de Breteuil, 78.

3577. Portrait de M. L. Valade ; médaillon, bronze.

Wendling (Henri Félix), né à Reims (Marne), élève de son père, de Farochon, et de Carpeaux; boulevard du Montparnasse, 81.

3649. F. E. Guérin-Meneville; médaillon, bronze.

Borrel (Alfred) ; rue Monge, 6.

3652. La Prudence, jeton de présence de la Compagnie des Agents de change près la Bourse de Paris ; modèle, plâtre ; épreuves, bronze, face et revers.

Chaplain (Jules-Clément) ; rue Vavin, 19.

3654. Projet de médaille de récompense; modèle, plâtre.

Médaille commémorative de l'emploi des aérostats pour la défense de Paris ; épreuves, face et revers (P. S.).

Médaille commémorative de l'église Saint-Ambroise; épreuve, face et revers (P. S.).

Chautard (Victor-Saint-Just); rue de Verrerie, 20.

3656. Auber ; médaille, bronze ; face et revers.

Frémy (Edouard-Pierre) ; rue Saint-Jacques, 330.

3662. Portrait de Mme Richard ; médaille, bronze.

Gerbier (Adolphe-Louis), né à Paris, élève de Le Saché ; rue Richelieu, 65.

3670. *Le Conservateur*, compagnie d'assurances ; médaille, face et revers; épreuve, bronze.

Heller (Florent-Antoine), né à Saverne (Alsace), élève de Gérôme; rue Saint-André, 16 (Montmartre).

3673. New-York apportant l'abondance à Paris en 1871, médaille; épreuve, argent.

LAGRANGE (Jean); boulevard Saint-Michel, 191.

3674. Médaille commémorative du nouvel Opéra; modèle, plâtre. (M. Inst. p. et B.-A.)

OUDINÉ (Eugène-André); rue Vavin, 19.

3680. H. Flandrin; — Ingres; — Ambroise Thomas; — Charles Lefèvre, peintre; — Oudiné, graveur en médailles; — P. Flandrin; — Marie Vauthier; — E. Oudiné, architecte; — V. Froussard; — Jeanne Vauthier; — médailles, plâtre.

3681. Esquisse de projet de médaille commémorative des services rendus par les aéronautes, lors du siège de Paris; — André Vauthier; — Georges Vauthier; — Charles Lefèvre, compositeur; — Paul Brame; — épreuves, plâtre.

PETER (Victor), né à Paris, élève de Cornu et de Devaulx; rue d'Enfer, 39.

3683. Portrait de M. Goguet.
Portrait de Mlle G...; médailles, bronze.

PONSCARME (François-Joseph-Hubert); rue du Dragon, 33.

3684. Alphonse Lavallée, fondateur de l'École centrale des Arts et Manufactures; médaille, bronze. (Souscription des élèves de l'Ecole Centrale des Arts et Manufactures.)
Portrait de M. A. Dumont, membre de l'Institut; médaille, bronze.

SOLDI (Emile-Arthur); rue de Bruxelles, 30.

3691. Médaille à la mémoire des victimes de l'invasion; projet, bronze; épreuves, face et revers, argent.
Portrait de Mme la duchesse Colonna di Castiglione; médaille, plâtre.
Portrait de M. L. O.-M.; médaille, bronze.
Portrait de Mlle Bernadina Gismondi; médaille, argent.
Henriette de Belfort; médaille, bronze.
Portrait de Mlle Bergoll; médaille, plâtre.
Esquisse d'une médaille allégorique de la reconstruction des monuments de Paris; face, bronze.

TASSET (Ernest-Paulin); rue Mazarine, 37.

3693. Olivier de Serres; jeton du Conseil d'administration du journal *le Temps;* face et revers; clichés, cuivre argenté.

SALON DE 1877

FÉART (Adrien), né à Sedan, élève de A.-L. Dantan; avenue de Wagram, 24.

3776. Portrait de M. Boisville; médaillon, bronze.

FRÉMY (Edouard), né à Paris; rue Saint-Jacques, 330.

3795. Portrait de Mme Frémy; médaillon, bronze.

ROSS (Alfred), né à Tillières-sur-Avre (Eure), élève de Jouffroy; avenue de Breteuil, 78.

4109. Portrait de M. Camille Pelletan; médaillon, bronze.

CHAPLAIN (Jules-Clément); rue Vavin, 19.

4192. Portrait du maréchal de Mac-Mahon; avers et revers.

Minerve; médaille de récompense (pour la Commission des Monnaie et Médailles).

Médaille de récompense pour les élèves des Ecoles de dessin. (M. Inst. p. et B.-A.)

DUBOIS (Alphée); rue Mazarine, 37.

4199. Pose de la première pierre de l'église du Sacré-Cœur, à Montmartre; médaille commémorative (d'aprés un modèle de M. Chapu): avers et revers; épreuve cuivre argenté.

Médaille de récompense pour les sapeurs-pompiers; avers, cuivre argenté. (Commission des monnaies et médailles.)

Portrait de M. A. C. Becquerel, médaillon bronze.

DUPUIS (Jean-Baptiste-Daniel), né à Blois, élève de Farochon, Cavelier et Ponscarme; rue Desrenaudes, 8 (boulevard de Courcelles).

4200. Portraits du marquis de Franclieu, sénateur; de M. Cazalas, sénateur; de Mme la vicomtesse de Brimon; de M. Sturel; de M. Michaux; de M. Lematte; de M. Thomas, architecte; médaillons, bronze.

Le Génie des Arts couronne la France (hommage rendu à

l'art français dans toutes les expositions universelles); médaille, revers, plâtre bronzé.

Frémy (Edouard), né à Paris; rue Saint-Jacques, 330.

4202. Ricard, ancien ministre de l'Intérieur ; médaille, bronze.

Lagrange (Jean); boulevard Saint-Michel, 141.

4211. Médaille commémorative du nouvel Opéra ; avers, modèle bronze ; avers et revers, épreuves bronze.

Médaille commémorative du Palais de Justice ; avers et revers, modèles bronze.

Peter (Victor), né à Paris, élève de Cornu et de Devaulx ; rue d'Enfer, 39.

4219. Portrait de M. E. Frémy ; médaille, bronze.

Trotin (Charles), né à Paris; rue du Bac, 63.

4224. Portrait de M. Thiers ; médaille ; avers et revers, bronze.

Salon de 1878

Abbema (Mlle Louise), née à Etampes (Seine-et-Oise); rue Laffitte, 47.

3990. Portrait de Mlle Sarah Bernhardt ; médaillon, bronze.

Gouezou (Achille), né à Saint-Brieuc, élève de son frère ; rue de la Folie-Méricourt, 82.

4296. Portrait du docteur Piogey ; médaillon, bronze.

Husson (Emile-Xénophon), né à Poissy (Seine-et-Oise), élève de M. Ringel ; rue Bréa, 22.

4343. Portrait de M. Jean Macé ; médaillon, bronze.

Lavigne (Hubert), né à Cons-la-Grandville (Meurthe et-Moselle), élève de Ramey et de M. A. Dumont ; rue Vaneau, 10.

4380. Portrait du baron Taylor ; médaillon, bronze.

Machault (Paul), né à Paris, élève de Simart; rue Oberkampf, 3.

4426. Portrait de M. P. May; médaillon, bronze.

Tiébaut (Henri), né à Paris, élève de J. Lequien ; rue du Faubourg-Saint-Denis, 144.

4597. Portrait de M. C. Bonnegrâce ; médaillon, bronze.

Borrel (Alfred) ; rue Monge, 6.

4634. Médaille de la Société des Médecins des bureaux de bienfaisance ; épreuves, bronze ; avers et revers.

CHAUTARD (Victor-Saint-Just); avenue de Chatillon, 66.

4635. (1) Félicien David; médaille, bronze.

DUBOIS (Alphée); rue Mazarine, 37.

4640. (1) Jeton du Comité de l'Enregistrement supérieur, médaille; épreuves, cuivre argenté; avers et revers. (M. Inst. p. et B.-A.)

DUPUIS (Jean-Baptiste-Daniel); rue Desrenaudes, 8 (boulevard de Courcelles).

4641. Dans un cadre :

(1) Portrait de Mme Michaux.
(3) Le Père Lacordaire.
(4) Portrait de M. Ratisbonne.
(6) Portrait de M. Pastré.
(7) Portrait de M. L. Michaux.
(8) Portrait de M. Garnier-Pagès.
(9) Portrait de Mme Jacquemart.
(10) Portrait de M. Chaplain.
(11) Portrait de M. Salvayre.
(12) Portrait de M. Deloire.
(13) Portrait de M. Bloch.
(14) L'Accord parfait (projet de médaille pour les écoles communales de jeunes filles).
(15) Le Père Lacordaire; médaillons, bronze.

LAGRANGE (Jean); boulevard Saint-Michel, 141.

4654. Dans un cadre ;

(1) Médaille commémorative du Palais de Justice à Paris; épreuve, bronze.
(2) Couronne agricole, pour les concours régionaux ; épreuve, bronze.
(3) Couronne musicale, pour les concours d'orphéons ; épreuve, bronze.

OUDINÉ (Eugène-André); hors concours ; rue Vavin, 19.

4659. Dans un cadre :

(1) Médaille commémorative de l'Exposition universelle

de 1878 ; modèle, bronze (pour le Ministère de l'Agriculture et du Commerce).

(2) Minerve distribuant des récompenses, médaille ; modèle, bronze ; épreuve, bronze.

Vernier (Emile-Séraphin), né à Paris ; rue Guillemot, 6.

4672. Portrait de M. Coquelin ; médaillon, fer repoussé.

Salon de 1879

Bertaux (Mme Léon), née à Paris, élève de P. Hébert et A. Dumont ; hors concours ; rue du Faubourg-Saint-Honoré, 233.

4800. Eugène Gautier, compositeur ; médaillon, bronze.

Léonard (Agathon), né à Lille, élève de Delaplanche ; rue du Château, 55.

5181. Portrait de M. J. Duprez ; médaillon, bronze.

Chaplain (Jules-Clément) ; hors concours ; rue Vaneau, 10.

5423. Dans un cadre, médaille de récompense de l'Exposition universelle de 1878 ; clichés, avers et revers.

Dubois (Alphée) ; hors concours ; rue Mazarine, 37.

5430. Dans un cadre :

(1) Médaille de récompense pour les Facultés de Droit de France ; avers et revers ; clichés, bronze argenté. (M. Inst. p. et B.-A.)

(2) Médaille de récompense de deuxième classe, pour être décernée à la suite des Salons (section de peinture) ; avers ; cliché, bronze doré.

Frémy (Edouard), né à Paris ; rue du Faubourg-Saint-Jacques, 5.

5434. Babinet, de l'Institut ; médaille, bronze.

Oudiné (Eugène-André) ; hors concours ; rue Vavin, 19.

5452. Dans un cadre :

Médaille commémorative de l'Exposition universelle de 1878. Face : la France appelle à elle l'Industrie, le Commerce, la Science et les Arts ; les Génies de la Paix et de l'Agriculture sont à ses pieds ; au bas, la figure de la Seine ; revers : les plans de l'Exposition du Champ de

Mars et du Trocadéro ; épreuve, bronze argenté. (M. Agric. et Com.)

PONSCARME (François-Joseph-Hubert) ; hors concours ; à Vanves (Seine), et à Paris, à l'Ecole des Beaux-Arts ; rue Bonaparte, 14.

5454. Dans un cadre :

(1) Portrait de M. P. Tirard ; médaille, bronze.

(3) Portrait de Mme Bénazet ; médaillon, bronze.

(4) Portrait de M. Victor Schlœcher ; médaillon, bronze.

(5) Portrait de M. Edmond Turquet ; médaillon, bronze.

(6) Portrait de M. Gavet ; médaillon, bronze.

(7) Portrait de Mme de Longueville ; médaillon, bronze.

(9) Jacques Turgot ; médaille, bronze (pour la Société d'Economie politique).

SALON DE 1880

AUVRAY (Louis), né à Valenciennes (Nord), élève de David d'Angers ; rue Bréa, 5.

6065. Médaillons, bronze.

(1) Alexandre de Pujol, fondateur de l'Ecole de peinture, à Valenciennes.

(2) D'Outreman, historien.

(3) Jacques Saly, statuaire.

(4) Antoine Watteau.

(7) L'abbé Desfontaines.

(8) Momal, peintre.

BOURGEOIS (Maximilien) ; rue de Vaugirard, 83.

6130. Portrait de M. B. Lagarde, ancien député ; médaillon, bronze.

MONY (Adolphe-Stéphane), élève de MM. Guittonet et Bartholdi ; boulevard de Clichy, 11.

6560. Portrait de M. Antoine Emelin ; médaillon, bronze.

PERREY (Aimé-Napoléon), né à Damblin (Doubs) ; rue du Cherche-Midi, 112, et boulevard du Montparnasse, 56.

6594. Portrait de feu Perrin ; médaillon, bronze.

RIU (M. le colonel Eugène); né à Montpellier, élève de Falguière; au Palais-Bourbon.

6633. Portrait de M. Lepère, ministre de l'Intérieur et des Cultes; médaillon, bronze argenté.

ROUFF (Jean), né à Lugny (Côte-d'Or); élève de M. Lavigne, avenue de Saxe, 35.

6649. Portrait de M. J. R...; médaille, bronze.

CHAUTARD (Victor Saint-Just); rue Charlot.

6746. Dans un cadre :

(1) Médaille commémorative de la façade du Trocadéro.

(2) Médaille de la République.

(4) Médaille de M. Grévy, président de la République.

DUBOIS (Alphée): rue Mazarine, 37.

6749. Médaille de récompense pour le concours général de la Faculté de Droit.

DUPUIS (Daniel): rue Desrenaudes, 8, (boulevard de Courcelles).

6751. Médaillons, bronze.

Médaille de M. Cavelier, destinée à être donnée en prix : la Postérité couronne le Génie des Arts (commande de l'Etat).

Plâtre, bronzé; Concours de la Ville de Paris : Union de la Ville et de la République sur l'autel de la Patrie, projet primé.

6752. Cadre de douze médaillons, bronze.

Face de médaille commémorative de l'église Saint-Joseph : le Génie de l'architecture présente le plan de l'église à la Ville de Paris (commandé par la Ville de Paris); — Revers de l'église Saint-Joseph : intérieur de l'église.

Médaille pour les distributions du chant dans les écoles de la Ville de Paris : Accord parfait.

Médaille, concours de la Ville de Paris : La République et la Ville de Paris.

SALON DE 1881

CHAPLAIN (Jules-Clément).

4370. Médaille de récompense pour les lauréats du Conservatoire de musique et de déclamation; modèle, plâtre (Minist. de l'Inst. publ. et des Beaux-Arts).

4371. Médaille de récompense pour les soins apportés aux enfants du premier âge; modèle, plâtre (Min. de l'Intér.).

Dubois (Alphée), rue Mazarine, 37.

4376. (1) Médaille de récompense pour le concours des Facultés de droit; avers, cliché, bronze.

(2) Médaille commémorative de la proclamation de la République; avers, modèle bronze (Min. Instr. publ. et Beaux-Arts).

(3) Médaille, effigie de Milne Edwards; modèle et clichés bronze, avers et revers (pour l'Acad. des sciences).

Hosser (Jules-Adrien), né à Paris, élève de M. Louis Merley, rue Fontaine, 40.

4386. (1) Portrait de M. Edmond Turquet, Sous-Secrétaire d'État des Beaux-Arts.

(2) Portrait de Mlle Jeanne Mollard.

Dupuis (Daniel), rue Desrenaudes, 8

4378. Un cadre de médaillons, bronze.

(2) M. Grévy, président de la République Française.

(3) Médaille du chant, pour les écoles de la Ville de Paris (commandée par la Ville de Paris).

(4) Médaille de l'église Saint-Joseph, face et revers.

(5) La République et la Ville de Paris.

(6) Médaille commémorative de l'Exposition universelle de la Ville de Paris.

Merley (Louis), rue de Penthièvre, 34.

4394. Modèle de la médaille commémorative de la Fête nationale et de la distribution des drapeaux, le 14 juillet 1880.

4395. Portraits de MM. Labrouste et de Lanneau, directeurs du Collège Sainte-Barbe; modèle et médaille, bronze, face et revers. (Commandé par l'Administration du Collège Sainte-Barbe.)

Ponscarme (François-Joseph-Hubert), à Malakoff (Seine).

4400. (2) M. G. Vildieu; médaillon, bronze.

(3) M. J. de Dunin; médaillon, bronze.

(5) Docteur Oulmont; médaillon, bronze.

(6) République française, type de la médaille des récompenses du Ministère de l'Agriculture et du Commerce; face et revers, bronze.

(7) Adam Smith et Turgot; médaille bicéphale, bronze. (Appartient à la Société d'Économie politique.)

Roty (Oscar-Louis), rue des Pyrénées, 278 (Ménilmontant).

4403. Médaille de récompense pour les apprentis de l'imprimerie Chaix.

Tasset (Ernest-Paulin), rue Mazarine, 37.

4405. (1) Effigie de la République.

(2) Jeton de la Chambre syndicale des produits chimiques, face et revers.

(3) Effigie de Pierre-Aymar Bressier, face et revers; médailles, bronze.

Salon de 1882

Bertaux (Mme Léon), née à Paris; avenue de Villiers, 147.

4110. Portrait de M. de Buttet du Bourget; médaillon, bronze.

Berthet (Paul), né à Dijon (Côte-d'Or), élève de M. Jouffroy; rue de l'Arrivée, 16.

4111. Portrait de M. Aug. Noël; médaillon, bronze.

Etex (Antoine), né à Paris, élève de Dupaty, Pradier, Ingres et Duban; rue Bara, 2.

4346. Portrait de M. Alphonse Karr; médaillon, bronze.

Frémy (Edouard), rue Friant, 40.

4391. Portrait de Mlle Louis Pasquier; médaillon, bronze.

4392. Portrait de Mlle Andréa Louis; médaillon, bronze.

Monségur (Alexandre), né à Belfort (Haut-Rhin), élève de MM. Gérôme et A. Millet; rue St-André-des-Arts, 47.

4668. Le colonel Denfert-Rochereau; médaillon, bronze.

PRINSSAY (Alexis), né à Paris, élève de M. Geoffroy, rue du Cherche-Midi, 135.

4767. Portrait de M. Henry Labrouste; médaillon, bronze.

RIU (Eugène), au Palais-Bourbon.

4801. Portraits de M. le Président de la République et de M. Gambetta; médaillons, bronze.

4802. Portrait de M. le Président de la Chambre des députés; médaillon, bronze.

SURGE (Michel Henry), né à Paris, élève de MM. Jouanin et Levasseur; rue de Chine, 2.

4857. Portrait de M. Ventujol; médaillon, bronze.

BORREL (Alfred), rue Monge, 6.

4938. Médailles, bronze.

(1) Paul Bert (face et revers).

(2) Isaac Crémieux (face et revers).
(M. Inst. p. et B. A.).

(3) Pasteur (face et revers).
(Pour la Société d'Agriculture de Seine-et-Marne.)

BOURGEOIS (Louis-Maximilien), rue de Sèvres, 103.

4939. Médaille de MM. les Sénateurs; modèle plâtre et clichés bronzés (commandé par le Sénat).

BOURGEOIS (Pierre-Alexandre-Anatole), né à Paris, élève de M. Jouanin, rue de Belleville, 88.

4941. Portrait de M. Gambetta; camée, sardoine (appartient à M. Buette).

CHAPLAIN (Jules-Clément), membre de l'Institut; rue Notre-Dame-des-Champs, 36.

4942. Un cadre contenant :

(1) Médaille de récompense des lauréats du Conservatoire de musique.

(2) Médaille de récompense des lauréats de l'Exposition internationale d'Électricité.

(3) Médaille de récompense pour les soins apportés aux enfants du premier âge.

Couqueaux (François-Théophile), né à Niort, élève de Flandrin; rue Saint-Honoré, 402.

4945. Médaille de la Société nationale d'encouragement à l'Agriculture. (En collaboration avec M. Lebour.)

Dubois (Alphée), rue Mazarine, 37.

4950. Un cadre contenant :

(1) Médaille effigie de L. Pasteur, modèle et clichés, face et revers, bronze; pour l'Académie des Sciences.

(2) Médaille commémorative de la proclamation de la République, face et revers; clichés, bronze (M. Inst. p. et B.-A.)

(3) Médaille de la Société des auteurs et compositeurs dramatiques, modèle et clichés, face et revers; bronze.

(4) Jeton de la Compagnie *la Clémentine*, face, cliché bronze.

Lavée (Adolphe-Jules), né à Morlaix (Finistère), élève de MM. Degeorges et Dantzel, rue de l'Abbé-Grégoire, 41.

4967. Portrait de M. Thomas, doyen des notaires à Paris; médaille, bronze.

4968. Médaille de récompense pour les sociétés de tir.

Pascal (Ernest-Émile), né à Paris, élève de M. Barye, rue des Solitaires, 11.

4976. Portrait de M. Fribourg; médaillon, métal argenté.

Roty (Louis-Oscar), rue des Pyrénées, 278.

4981. Portraits de M. le vicomte Delaborde et de M. Maurice Albert; médaillons, bronze.

Tasset (Ernest-Paulin), rue Mazarine, 37

4983. Cadre contenant :

Modèle en bronze du jeton de la Chambre syndicale des produits chimiques.

Salon de 1883

Berthet (Paul), rue du Regard, 10.

3549. Portrait de M. Guibourgé; médaillon, bronze.

LEBLANC (Charles), né à Paris, élève de M. Doublemart; rue de Chateaubriand, 11.

3844. Portrait de M. Lefèvre; médaillon, bronze.

L'EPINE (Louis), né à Paris, élève de MM. Gabriel Levasseur et Osbach, Avenue de Saint-Ouen, 36.

3878. Tresca, membre de l'Institut; médaillon, bronze.

3879. Portrait de M. Lyonnet; médaillon, bronze.

MARIOTON (Eugène), né à Paris, élève de MM. A. Dumont, J. Thomas et Bonnassieux; chez M. Robbe, rue de la Folie-Méricourt, 22.

3932. Portrait de M. le Dr E. Outin; médaillon bronze.

CHAPLAIN (Jules-Clément), rue Mazarine, 3.

4317. Gambetta; médaille, face et revers.
Médaille commémorative du Congrès des Électriciens; face.

DUBOIS (Alphée), rue Mazarine, 37.

4322. M. J. B. Dumas; médaille bronze, et clichés, face et revers, bronze doré (commandé par l'Académie des Sciences).

DUBOIS (Henri), né à Rome, élève de Jouffroy et de MM. Chapu. Falguière et Alphée Dubois, rue Mazarine, 37.

4323. Dans un cadre :
Médaille de la Ligue des Patriotes; modèles plâtre et clichés bronze, avers et revers. Portrait de M. D. Fosse.

LANCELOT (Camille-Paulin), né à Paris, élève de son père et de M. Ponscarme; à Malakoff (Seine), avenue Sainte-Sophie.

4339. Gambetta; médaille, bronze, face et revers (Appartient à M. Beschet.)

LEMAIRE (Georges Henri), né à Bailly (Seine-et-Oise), élève de MM. Grivel, J. Lambert et J. Perrin; boulevard Rochechouart, 58.

4342. Portrait de M. J.-A. Pappert.

RINGEL (D.), né à Illzac (Alsace), élève de Jouffroy et de M. Falguière, rue Daubigny, 11.

4347. Médaille commémorative du 60e anniversaire du mariage de M. et Mme Jean Dollfus. (Appartient à M. E. Dollfus.)

ROTY (Louis-Oscar), rue des Pyrénées, 252.

4349. Médailles :

Médaille commémorative de l'Exposition internationale d'électricité; modèle bronze et cliché argent (Min. Inst. publ. et Beaux-Arts).

Portrait de M. Durrieu du Brongniart (épreuves face et revers); galvanoplastie.

SALON DE 1884

DUBOIS (Henri), rue Mazarine, 37.

3477. Portrait de M. L. Doucet; médaillon, bronze.

ETEX (Antoine), né à Paris, élève de Dupaty, Pradier, Ingres et Duban; rue Bara, 2.

3495. Portrait de M. P. E. Mangeant; médaillon, bronze.

3496. Portrait de Millière; médaillon, bronze.

GERMAIN (Alphonse-Joseph), né à Paris, élève de M. Gilbert; rue Saint-Sabin, 16.

3548. Portrait de Mlle Clémence Germain; médaillon, bronze.

RUHIERRE (feu François-Théodore), né à Paris, élève de Ruhierre et de Konig; rue du Cardinal-Lemoine, 67.

3883. Robespierre; médaillon, bronze.

BERTAULT (Charles), rue Bichat, 43.

3984. Portrait de M. F. Barbedienne; médaille, plâtre, et médaille argent, face et revers.

BOTTÉE (Louis-Alexandre), boulevard Saint-Michel, 141.

3985. Médailles : Société de Géographie commerciale de Paris, modèle et médaille.

Médaille revers Société Française d'hygiène.

Projet de médaille pour l'Exposition nationale des Beaux-Arts de 1883.

Portrait de M. Lambert fils, rôle de Severo Torelli, tragédie de F. Coppée.

TASSET (Ernest-Paulin), rue Mazarine, 37.

4017. Deux médailles :

(1) M. J. Jaluzot.

(2) Société d'encouragement de l'escrime.

VERNIER (Emile-Séraphin), rue Guilleminot, 6 et boulevard du Montparnasse, 25.

4018. (1) Modèle de médaille pour une école professionnelle d'orfévrerie.

(2) Jeton pour le syndicat des bibliothèques populaires, modèle et épreuve.

(3) Portrait de Léon Gambetta.

(4) Portrait de M. Pierre Laffitte.

VERNON (Frédéric-Charles-Victor), rue de Grenelle, 53.

4019. (1) Modèle de médaillon pour une exposition.

(2) Portrait de M. le Dr Charcot.

(3) Un modèle de médaille (Industrie), face et revers.

(4) Portrait de M. E. Champion.

SALON DE 1885

BRUNEL (Mme Maria), née à Saint-Laurent-lès-Màcon, élève de M. E. Bernard ; à Grenoble, rue des Bains, 10.

3407. Portrait de l'auteur ; médaillon, bronze.

MOULIN (Stephen), né à Clermont (Oise) ; à Clermont, rue de la Porte-Nointel.

4044. Portrait de M. Augustin Leclerq ; médaillon, bronze.

BORREL (Alfred), rue Monge, 6.

4346. Un cadre médaillons et médailles :

(1) Victor Hugo ; médaillon : deux médailles, face et revers, plâtre ; deux médailles, face et revers, bronze (M. Inst. p. et B.-A.).

(2) Par le livre et par l'épée : 2 médailles, face et revers, bronze (Ligue française de l'enseignement).

(3) Gymnaste récompensé ; médaillon et médaille, plâtre (Direction générale des monnaies et médailles).

(4) Louis Dupont ; médaille, bronze.

Bourgeois (Maximilien), rue de Sèvres, 103.

4347. Dans un cadre :

(1) Les artistes français ; modèle et médaille, bronze, argent (M. Inst. p. et B.-A.).

(2) Médaille de MM. les sénateurs ; modèle de médaille, face et revers, bronze, argent.

Chaplain (Jules-Clément), rue Mazarine, 3.

4348. Un cadre contenant deux modèles de médailles, plâtre.

(1) Médaille de la réédification de l Hôtel de Ville de Paris.

(2) Médaille de la Caisse d'épargne de Paris.

Degeorge (Charles-Jean-Marie), boulevard d'Enfer, 226.

4353. Médaille pour les soirées musicales de *la Trompette*, clichés bronze, face et revers.

Delhomme (Léon-Alexandre), né à Tournon-sur-Rhône (Ardèche), élève de MM. Dumont et Fabisch ; rue de Dantzig, 11.

4354. Dans un cadre :

(1) Portrait de Jules Delhomme ; bronze et pierre lithographique ; deux médaillons.

(2) Portrait de M. Alphand, directeur des travaux de Paris ; deux médaillons, bronze et marbre, un camée ivoire.

Dubois (Alphée), rue Mazarine, 37.

4356. (1) Médaille de Le Verrier, clichés bronze, face et revers, (M. Inst. p. et B.-A.).

Dunkel (Auguste), né à Paris, élève de J. Lequien ; rue d'Orchampt, 6.

4357. Dans un cadre : deux médaillons, bronze.

(1) Portrait de M. A. Melet ;

(2) Portrait de M. J. Herpin

Lemaire (Georges Henri), boulevard Rochechouart, 58.

4375. (1) M. Victorien Sardou (camée onyx).

Ponscarme (François-Joseph-Hubert), à Malakoff (Seine).

4380. Médaille des Conseillers municipaux de France ; face et revers, bronze. (Appartient à l'Administration de la médaille des conseillers municipaux.)

RINGEL (D.), rue Boileau, 88 et Cité d'Antin, 29.

4382. Un médaillon, bronze : M. Jules Grévy, Président de la République. (Appartient au journal *l'Art*.)

ROTY (Louis-Oscar), rue des Pyrénées, 252.

4383. Portrait de M. Bouley, président de l'Académie des Sciences; clichés cuivre argenté; médailles coulées, bronze; plaquette argent.

4384. L'Immortalité; revers de la médaille de Victor Hugo, bronze.

TASSET (Ernest-Paulin), rue Mazarine, 37.

4385. (1) Médaille à l'effigie de Gaston Menier.
(2) Jeton de la Commission des huiles.

SALON DE 1886

CAPELLARO (Paul-Gabriel), né à Paris, élève de Dumont et de MM. Mathurin Moreau et Thomas; Avenue du Bel-Air, 2.

3601. Deux portraits; médaillons, bronze.
(1) M. H. Godet.
(2) M. Rieder.

CHAMPION (Claude), né à Sevrey (Saône-et-Loire), élève de Jouffroy et de MM. Dameron et Falguière; rue du Cardinal-Lemoine, 71.

3635. Portrait de M. Paquin; médaillon, argent.

LECERF (Emile-Louis), né à Saint-Denis (Seine), élève de M. Gaulard; à Vincennes, rue Massue, 29.

4151. Le général Chanzy; médaillon, bronze.

PONSCARME (Hubert), à Malakoff.

4437. Portrait de M. de Lesseps; médaillon, bronze.

BORREL (Alfred), rue Monge, 6.

4699. Cinq médaillons et médailles, bronze.
(1) Victor Hugo.
(2) André V...
(3) Edmond Turquet.
(4) Henri Martin (M. Inst. p. et B.-A.).

(5) La gymnastique, médaille de récompense (Administration des monnaies et médailles).

CHAPLAIN (Jules-Clément), rue Mazarine, 3.

4703. Médailles.

(1) P. Baudry, face et revers.

(2) L. Gérôme, face et revers.

(3) M. Zographos, face.

(4) Médaille de la réédification de l'Hôtel de Ville, face et revers.

(5) « Le souffle divin », médaille de récompense pour une école des Beaux-Arts, face.

(6) Médaille de la Caisse d'épargne de Paris, face et revers.

(7) Victor Hugo, face.

(8) Mes enfants.

ROBIN (Honoré), né à Clans (Haute-Saône), élève de MM. Hiolin et Roty, rue de Tourtille, 11.

4731. Sujets :

(1) Victor Hugo. médaillon, bronze.

(2) Portrait de M. Jules Barni, médaille. (Appartient à M. Charles.)

ROTY (Louis-Oscar), rue des Pyrénées, 252.

4733. Médailles:

(2) Portrait de M. Georges Duplessis; plaquette, face et revers, bronze.

(3) Portrait de M. Beurdeley, avocat à la cour de Paris.

(7) Portrait de M. le Dr Goubert.

SALON DE 1887

LORMIER (Edouard), né à Saint-Omer (Pas-de-Calais), élève de Jouffroy, rue de Vaugirard, 108.

4237. Portrait de M. Alfred Leroux, architecte; médaillon, bronze.

BOTTÉE (Louis-Alexandre), né à Paris, élève de Dumont et de MM. A. Millet et Ponscarme, Boulevard Saint-Michel, 141.

4612. Médailles:

Têtes de République, médaille des conseillers municipaux (pour M. Guichard, éditeur).

Médaille pour récompenser les sciences.

Portrait de M. Babinet, de l'Institut.

Portrait de M. Geffroy, de l'Institut.

DUBOIS (Alphée), rue Mazarine, 37.

4623. Wurtz; médaille, clichés, bronze argenté; modèles, fonte de fer. (M. Inst. p. et B.-A.)

DUPUIS (Daniel), rue Desrenaudes, 8.

4624. Portraits; médaillons, bronze:

Me Floquet, président de la Chambre des députés; Me Durier; M. le Dr Laboulbène; M. Beauquier, député; M. Prillieux; M. Albert Ballu; M. Leroux; Mme Durier; Mme Prillieux; Mme Monteil; Mme Albert Ballu; M. Mouchon.

LEMAIRE (Georges-Henri), rue Tourlaque, 22.

4637. Raphaël Boudrot; Honoré Leroi.

MICHEL-CAZIN (Jean-Marie), né à Paris, élève de M. J. Cazin; rue du Luxembourg, 40.

4640. L'Orphelinat des Arts; médaille, plâtre, revers.

PÉCOU (Jean-Albert-William), né à Paris, élève de Jouffroy et de MM. Falguière et Delaplanche; Avenue d'Italie, 74.

4644. Cinq portraits; médaillons.

(1) M. G. Melin.

(2) Mme Agnès Coussins.

(3) Mme Laure Wilté.

(4) Mme Elvire Thomas.

(5) Mlle Charlotte Mahu.

RINGEL d'Illzach, rue du Point-du-Jour, 97.

4646. Onze portraits; médaillons, bronze:

MM. Et. Arago; Savorgnan de Brazza; Alexandre Dumas; Falguière; Edmond de Goncourt; Got; Gounod; Halévy; Labiche; Fr. Sarcey; Aug. Vacquerie (app. à M. Rouam).

4647. Deux médaillons, bronze.
Mmes Ringel et H. Brustlein.

Roty (Louis-Oscar), rue des Pyrénées, 252.

4648. Médailles :
Médaille commémorative du centenaire de M. Chevreul.
Médaille offerte à M. le baron de Schickler.
Médaille offerte à Mme Boucicaut par ses employés.
Portrait de M. Eudoxe Marcille.
Médaille de récompense pour actes de dévouement des pompiers.

Vernier (Emile-Séraphin), boulevard du Montparnasse, 25.

4654. Portrait de M. Henri Tolain.
Portrait de M. Gustave Mesureur.
Pierre Laffitte ; médaille, nickel.

Salon de 1888

David d'Angers (Robert), rue Guichard, 10.

3989. Neuf portraits ; médaillons, bronze
(1) M. Thierry-Poux.
(2) Mlle Blanche.
(3) M. A. Maillard.
(4) Ed. Pailleron.
(5) Marie Pailleron.
(6) Dr Max Legrand.
(7) M. G. Escoffier.
(8) Victor Pavie.
(9) Gustave Nicole.

Delhomme (Léon-Alexandre), né à Tournon-sur-Rhône (Ardèche), élève de Dumont et Fabisch; rue de Dantzig, 11.

4004. Portrait de M. Alphand, médaille, bronze.

Devaux (Edmond-Georges-Augustin), né à Paris, élève de son père et de M. E. Hebert; boulevard Richard-Lenoir, 103.

4034. Portrait de M. Forgeois, médaillon, bronze.
4035. Portrait de M. Jattiot, médaillon, bronze.

FRÉMY (Edouard), avenue de Montsouris, 14.

4122. Six portraits, médaillons, bronze.
(1) M. L. Lefèvre.
(2) M. Victor Louvet.
(3) Mlle Pannelier.
(4) Charlotte Rudier.
(5) Eugène Rudier.
(6) Eugène Martine.

4123. Portrait de Mme Frémy, médaillon, bronze.

FROMANGER (Joseph-Hippolyte), né à Paris, élève de M. H. Fromanger; rue du Moulin-Vert, 42.

4129. Portrait de Mme Boucicaut, médaillon, bronze.

GAULARD (Félix-Emile), né à Paris, élève de M. Salvatelli, à Vincennes; rue Montebello, 6.

4148. Portrait de M. Lucien Gaulard, médaillon, plâtre.

4149. Portrait de feu Louis Weiss, médaillon, bronze.

NARET (Georges-Léon), né à Sézanne (Marne), élève de M. Eugène Marioton; rue Bleue, 19.

4470. Portrait de M. Georges Duvernoy, médaillon, bronze.

4471. Portraits de M. et Mme Marioton, médaillons, bronze.

CAZIN (Michel), rue du Luxembourg, 40.

4772. Médailles :
M. Puvis de Chavannes (face et revers).
L'Orphelinat des Arts (revers).
Coquelin cadet.

DUBOIS (Henri), rue Mazarine, 37, et rue de Rennes, 76.

4785. Médailles :
(1) L'Union nationale des Sociétés de tir de France; modèle, bronze; cliché, argent.
(2) Médaille de récompense pour les sapeurs-pompiers; modèle, bronze; cliché, argent (appartient à M. A. Bertrand).
(3 à 5) Portraits de MM. Alphée Dubois, Edouard Cabane et G. Périnaud; médaillons, bronze.

GAUDRAN (Gustave), né à Paris, élève de M. Toussaint; rue Saint-Ferdinand, 22.

4789. Médaille de sauvetage, modèle, plâtre.

GAUVAIN (Alfred), né à Héricourt-en-Caux, rue de l'Ouest, 99.

4793. Médaillons :

(1) M. Isembert. (2) M. Chantin. (3) M. Maurice Benoît. (4) M. Goussin. (5) M. Floquet, plâtre. (6) Carnot.

LEMAIRE (Georges-Henri), rue Tourlaque, 22.

4803. (1) M. Camille Doucet. (2) M. Renan. (3) M. Désiré Nizard. (4) M. Caro, camées, onyx.

LEROUX (Gaston), boulevard Malesherbes. 112.

4804. Portraits, médaillons, plâtre. M. Edouard Lanier; M. Henri Sauvage.

MARIOTON (Eugène), né à Paris, élève de Dumont et de MM. J. Thomas et Bonnassieux; rue Rochechouart, 35.

4807. Portrait de M. le docteur G.-L. Morel, médaillon, bronze.

MOUCHON (Louis-Eugène), né à Paris, impasse du Maine, 7.

4809. Portraits et médailles :

(1) M. Filon, directeur de l'Ecole Lavoisier.

(2) M. A.-V. Poirson.

(3 et 4) Renée et Suzanne Terrier.

(8 et 9) Concours typographique, face et revers.

(10 et 11) Concours lithographique, face et revers (appartiennent à M. Robineau).

PATEY (Henri-Auguste-Jules), né à Paris, élève de Jouffroy et de MM. Chapu, Chaplain; rue du Cherche-Midi, 55.

4811. Médailles et médaillons :

(1) Pour M. Pasteur, modèle (face et revers), plâtre.

(2) La Peinture, modèle et épreuve, bronze; médaillons.

VERNIER (Emile-Séraphin), boulevard de Mont-Parnasse, 25.

4821. Médailles et portraits : médaille commémorative de l'inauguration du monument de Gambetta (face et revers).

Portraits : (2) M, Tolain. (3) M. Mesureur. (4) M. L.Lelong.

SALON DE 1889

GUGLIELMO (Lange), né à Toulon, élève de Jouffroy et de Courdouan; boulevard Saint-Jacques, 51.

4464. Portrait de M. E. Dauphin, médaillon, bronze.

GUIBÉ (Paul), né à Saint-Brieuc, élève de M. Chapu; chez M. Alombert, rue Château-Landon, 8.

4465. Portrait de M. le général Détrie, médaillon, bronze.

HENNEQUIN (Gustave-Nicolas), né à Metz, élève de M. Bonnassieux; rue Guersant, 20.

4493. Deux portraits : médaillons, plâtre.

(1) M. Ferdinand de Lesseps.

(2) M. Berson.

LEYSALLE (Emile), né à Paris, élève de Carpeaux et de M. Math. Moreau; rue Rouelle, 43.

4467. Portrait de M. Dujardin-Beaumetz, médaillon, bronze.

SOLLIER (Eugène), né à Paris, élève de M. Cordier; rue de la Grande-Chaumière, 9.

4948. Portrait de M. le Dr Claverie, médaillon, bronze.

LECHEVREL (Alphonse-Eugène), né à Paris, élève de M. François; place du Marché-Saint-Honoré, 26.

5090. Médailles dans un cadre :

L. Gambetta, Ingres, M. F. Desportes.

LEMAIRE (Georges-Henri), rue Tourlaque, 22.

5092. L'Académie française en 1889, portraits, camées, onyx.

SALON DE 1890

COURTAT (Mlle Amélie-Clémence), née à Paris, élève de son père; rue de Charenton, 59.

3712. M. H. Hiolle, médaillon, bronze.

RIU (Eugène), avenue des Champs-Élysées, 23.

4413. Médaillons, bronze :

(1) M. Pilou.

(2) M. Privat.

(3) M. Querelle.

Rougeron (Christophe), né à Ricourt (Haute-Marne), élève de MM. Cavelier et Millet; boulevard Voltaire, 154.

4437. M. Edouard Drucy, médaillon, bronze.

Bottée (Louis-Alexandre), boulevard de Clichy, 11.

4634. Médailles :

Médailles des récompenses à l'Exposition universelle de 1889.

Médailles des Ecoles de dessin de la ville de Paris.

M. Babinet.

Mme C. Lalou.

Bourgeois (Maximilien), rue de Sèvres, 103.

4635. E. de Beaumont, plaquette, bronze (appartient au musée de Cluny).

Médaille de MM. les députés, 1889, deux clichés, argent (app. à la Chambre des députés).

Daniel-Dupuis, rue Desrenaudes, 8.

4643. Médaille commémorative de l'Exposition universelle de 1889 (face et revers).

Dubois (Alphée), rue Mazarine, 37.

4651. Trois médailles :

(1) Médaille commémorative du Congrès international de l'Enseignement primaire; clichés argentés, avers et revers (M. Inst. P. et B.-A.).

(2) Médaille commémorative de l'élection du Président de la République ; clichés argentés, avers et revers (Administration des monnaies et médailles).

(3) Médaille de la Société hippique française; clichés argentés, avers.

Levillain (Ferdinand), né à Paris, élève de M. Jouffroy; boulevard Richard-Lenoir, 31.

4667. Médaille commémorative de la Tour Eiffel ; clichés, face et revers.

Pécou (Jean-W.-H.), né à Bordeaux, élève de Jouffroy et de MM. Falguières et Delaplanche; rue Antoine-Vramant, 6.

4679. Portrait de Mlles Bouvard (appartient à M. Bouvard).

TASSET (Ernest-Paulin), né à Paris, élève de Oudiné, rue Séguier, 3.
4683. La République, médaille.
VAUDET (Auguste-Alfred), né à Paris, rue de la Verrerie, 67.
4686. République Française, médaille, bronze.

SALON DE 1891

BENET (Eugène), né à Dieppe (Seine-Inférieure), élève de MM. Jouhan, Falguière et Marqueste; boulevard du Montparnasse, 81.
2269. M. E. Leblond ; médaillon, bronze.
CLAUS (Eugène), né à Paris, élève de M. Barrau; à Montreuil-sous-Bois, rue de la République, 35.
2392. Meissonnier ; médaillon, bronze.
FROMENT-MEURICE (Jacques), né à Paris, rue d'Aujon et boulevard du Montparnasse, 23.
2527. Mlle Peppa Invernizzi, de l'Académie Nationale de musique ; plaquette, bronze.
GAULARD (Félix-Émile), né à Paris, élève de M. Salvatelli ; à Vincennes, rue Montebello, 6.
2538. M. Hubert Heïss ; médaillon, bronze.
2539. « Mon portrait » ; médaillon, bronze.
GODET (Henri), né à Paris, élève de MM. Mathurin, Moreau et Capellard ; rue des Colonnes-du-Trône, 1.
2555. Feu Margerin ; médaillon, bronze (app. à l'Association amicale des Anciens Élèves de l'école Turgot).
DANIEL-DUPUIS, rue Desrenaudes, 8.
2969. Trois modèles de médailles ; bronze.
(1) Tête de République.
(2) Médaille du Conseil municipal de Paris (revers).
(3) Sainte-Barbe.
LECHEVREL (Alphonse-Eugène), né à Paris, place du Marché-Saint-Honoré, 26.
2986. (3) Hommage aux maîtres de la gravure en médailles français du XIXe siècle ; plaquette, bronze. (5) M. A. Reyen ; plaquette, bronze. (6) René Stern ; plaquette, argent.

Lemaire (Georges-Henri), rue Tourlaque, 22.

2987. (1) M. Etienne. (2) MM. Dechastelus. (3) Mlle Segond.

2988. Deux médailles, argent :

(1) M. André Cordella.

(2) M. J. B. Serpieri.

Mouchon (Louis-Eugène), Impasse du Maine, 7.

2993. Dans un cadre :

(1) Médaille représentant Lazare Carnot (face), et l'Organisation de la Victoire (revers) (app. à M. le Président de la République).

(2) Plaquette commémorative de la fondation de l'Ecole Estienne, face et revers, clichés, argent.

Rasumny (Félix), né à Sébastopol, élève de A. Millet et de MM. Gauthier et Tasset ; rue de Turenne, 80.

2999. Un cadre contenant :

Médaille argent, Concours hippique (app. à M. A. Dusseaux).

Roty (Louis-Oscar), membre de l'Institut, rue de l'Université, 35.

3003. (1) Médaille de l'Association française pour l'avancement des Sciences ; cliché argent, face.

(11) Médaille de Mounet-Sully, face et revers.

(14) Plaquette de M. Hiry, membre de l'Institut, face et revers.

Salon de 1892

Janvier (Victor), né à Paris, élève de son père ; r. du Moulin-Vert, 37.

3233. (1) Pavillon de l'Exposition collective de l'Industrie du Gaz en 1889, modèle de médaille, face et revers.

(2) Inauguration du Monument de Danton, modèle de médaille, face et revers (en collaboration avec M. Paris).

(3) Jeanne d'Arc, d'après la statue équestre de M. Frémiet, médaille face et revers (appartient à M. Benoist.

Lancelot (Mlle Marcelle Renée), née à Paris, élève de son père et de Delaplanche ; rue Herschell, 6.

3239. M. le professeur Pinard.
M. L. François, médaille.

Salon de 1893

Corbel (Jacques-Ange), né à Paris, élève de MM. Thomas et Cavelier; rue de Vaugirard, 59.
2721. M. de Baudot, médaillon, bronze.
Condamin (Joseph-Henri), né à Lyon, rue Oudinot, 23.
3474. Médaille du centenaire de la mort de Louis XVI, roi de France et de Navarre; argent.
Dubois (Alphée), rue Mazarine, 37.
3489. M. Philippe Bouhey, médaille plaquette, bronze argenté.
Médaille, face et revers, de l'Association des Anciens Élèves de Saint-Louis.
M. Weber, médaille, bronze.
M. E. Dubois, médaillon, bronze.
Dubois (Henri), rue Guénégaud, 17, et avenue de l'Observatoire, 7.
3490. Congrès internationaux, modèle de la médaille commémorative (appartient au Minis. de l'I. P. et des B.-A.).
Union des Femmes de France, bronze.
M. Alphée Dubois, médaille, bronze.
Lemaire (Georges-Henri), né à Bailly, élève de MM. Guvel, J. Lambert et J. Perrin; rue Tourlaque, 22.
3511. Portraits :
(1) M. Maurice Rouvier, médaillon, bronze.
(2) M. Liotard Vogt, médaille bronze, face et revers.
Ponscarme (François-Joseph-Hubert); à Malakoff (Seine).
3525. Un cadre renfermant des médailles, bronze.
Médaille offerte à M. J. Méline par les agriculteurs et industriels de France, face et revers.
Médailles des vétérans du travail (Minis. de la Guerre).
La même pour le Ministère du Commerce.
Médaille du dévouement dans les épidémies (Minis. de l'Intérieur).

Le général Riu.
L. Jouve
Viette.
Feu Gaston Marquiset.
E. Boutin.
F. Camus.
Daubrée.
Médailles des Forêts.

SALON DE 1894

BARBOTIN (William), né à Ars, île de Ré (Charente-Inférieure), élève de Charpentier Félix; rue Notre-Dame-des-Champs, 117.

2725. Portrait de M. Elisée Reclus, médaillon, bronze.

CHARRON (Alfred), rue de Vaugirard, 95.

2917. M. Hatin, historien de la Presse de Renaudot; médaillon, bronze (pour le monument Renaudot).

ROLARD (François-Laurent), né à Paris, élève de Jouffroy et de M. Crauck; rue de la Grande-Chaumière, 14.

3545. M. Gustave Raulin, médaillon, bronze (appartient à M. Raulin).

BOURGEOIS (Maximilien-Louis), rue de Sèvres, 103.

3700. Trois médailles :

(1) Médaille commémorative du centenaire de la fondation de l'École polytechnique (face et revers), clichés, argent (appartient au Ministère des Beaux-Arts).

(2) Médaille de MM. les Sénateurs (revers), clichés, argent (appartient au Sénat).

(3) Médaille de MM. les Députés (revers), cliché, argent (appartient à la Chambre des députés).

GILBAULT (Ferdinand), né à Brest (Finistère); rue de la Collégiale, 25.

3718. Médaillons et médailles, bronze et argent : M. Pastel, M. Lucien Delmas, le Dr E. Dubois, le Dr Royer, le Dr Ch. Mallet, le Dr Donon, le Dr Landois, le Dr E. Monin, Alf. Martron, le Dr Naulin, le Dr Monin.

SALON DE 1895

DUBOIS (Alphée), rue de Savoie, 5.

3048. Portrait de M. Gustave Lévy, pour son monument au cimetière Montmartre : grand médaillon, bronze.

BORREL (Alfred), rue Lagrange, 14.

3579. Un cadre contenant deux médailles et un médaillon :
(1) Médaille du centenaire de la fondation de l'Ecole des langues orientales vivantes (Ministère de l'Instruction publique et des Beaux-Arts).
(2) Médaille de prix, concours de pigeons voyageurs (Administration des Monnaies et Médailles).

DOUBLEMARD (Amédée-Donatien), né à Beaurain (Aisne), élève de Duret ; avenue du Bois-de-Boulogne, 64.

3595. Médaille de la Société protectrice des animaux.
Prix du concours ouvert par la Société (MM. Mauchois et Godard, éditeurs.

GILBAULT (Ferdinand), rue de la Collégiale, 25.

3602. Portraits, médailles et médaillons, bronze et argent : Jules Valadon, Dr Royer, Dr Naulin, Dr Donon, Dr Dubois, Dr Mallet.

3603. Deux portraits, médaillon, bronze :
Dr Devis, Hector Morin.

LEMAIRE (Georges), rue Tourlaque, 22.

3617. M. M. Rouvier, médaille argent ; quatre portraits : Paul Doumer, Octave Dubois, Emile Berr, Savinien Lapointe (plaquette, bronze).

MOUCHON (Louis-Eugène), rue d'Erlanger, 12.

3621. Plaquette, portrait de M. de Selves, directeur des postes et télégraphes.

VAUDET (Auguste-Alfred), né à Paris, rue Beautreillis, 17.

3634. Portrait de Sadi Carnot, ancien président de la République française.

Salon de 1896

Bouval (Maurice), né à Toulouse, élève de M. Falguière; rue du Moulin-de-Beurre, 12.

3266. Portrait de M. J.-J. Masset, médaillon, bronze.

Deschamps (Julien-Léon), né à Paris, élève de Dumont et de MM. J. Thomas, Hippolyte Moreau et Delhomme; rue de la Tombe-Issoire, 82.

3390. Portrait de M. Duard, de l'Odéon, médaillon, bronze.

3391. Portrait de M. Massen, médaillon, bronze.

Bottée (Louis-Alexandre), rue Fontaine, 16.

3906. Modèle de la médaille du Centenaire du Muséum d'histoire naturelle.

Fouchet (Louis-Alexandre-Edouard), né à Paris, élève de Justin Lequien et L. Longepied; à Asnières (Seine), rue d'Anjou, 9.

Portrait de M. Félix Faure, président de la République, médaille, argent (face et revers).

Ponscarme (François-Joseph-Hubert), à Malakoff (Seine).

3953. Médailles : Election de Félix Faure (appartient à l'Assemblée nationale).

Médaille des Douanes.

Médaille des Forêts.

Albert Viger.

Henri Boucher (des Vosges).

M. Demange.

M. L. Buffet.

Salon de 1897

Bérard (Louis), né à Orléans, élève de MM. Moreau-Vauthier. Cavelier et Gauthier; à Orléans, rue de l'Evêché, 3 bis.

2693. M. Loiseleur; médaillon, bronze.

Delbauve (Louis-Emile), né à Coutres (Loir-et-Cher); à Langres (Haute-Marne).

2876. Portrait de M. le comte G. de Contades; médaillon, bronze.

Levillain (Ferdinand), boulevard Richard-Lenoir, 31.

3141. Mlle Clemence Têtu; médaillon, bronze.

Printemps (Jules), né à Lille (Nord), élève de Jouffroy et de M. Falguière; rue du Moulin-de-Beurre, 12.

3314. Portrait de M. Rémoiville; médaillon, bronze (appartient à la Société pour l'instruction élémentaire).

Prudhomme (Georges-Henri), né à Cap-Breton (Landes), élève de M. Hector Lemaire; rue Tournefort, 19.

3315. Portrait de M. Ménegoz, professeur de la Faculté de théologie; médaillon, bronze.

Albazzi (Mme Iza de Kiviathowska), née à Lopatynka (Ukraine, Russie), élève de Falguière; rue Jouffroy, 43.

3472. Portrait de M. Alfred Rambaud, ministre de l'Instruction Publique et des Beaux-Arts; médaillon, argent, face et revers (appartient à M. Rambaud).

Bourgeois (Louis-Maximilien, rue de Sèvres, 103.

3475. Portrait de M. E. Reboul, directeur des Journaux officiels. Médaille de MM. les sénateurs; deux clichés, argent (appartient au Sénat).

Houssin (Edouard), né à Douai (Nord), élève de Jouffroy et de A. Millet; rue Denfert-Rochereau, 37.

3502. Le docteur Lemarchand; médaillon, bronze.

Vernon (Frédéric), né à Paris, élève de Cavelier, de Chaplain et de M. Tasset; rue de Lille, 43.

3537. Portrait de M. L. Ricard, député; plaquette.

Salon de 1898

Garry (Augustin), né à Laval (Mayenne), élève de M. A. Leduc; à Laval, plateau du Bel-Air.

3435. Portrait de Louis Chevalier, médaillon, bronze.

3436. Portraits de René et de Jeanne Goiffon; médaillon, bronze.

Albazzi (Mme la Ctesse Iza de Kiviathowska); rue Aumont-Thiéville, 6.

3944. M. Alfred Rambaud, ministre de l'Instruction Publique et des Beaux-Arts; médaille, or. Réduction de la médaille en argent qui a figuré au Salon de 1897 (appartient à M. le Ministre des Beaux-Arts).

Bottée (Louis-Alexandre), rue Fontaine, 16.

3949. Un cadre contenant :

(1) Mlle Bartet, plaquette.

(2) Médaille de la Société des Architectes diplômés par le Gouvernement.

(3) Médaille de l'Enseignement du dessin de la ville de Paris.

(4) Médaille du Centenaire du Muséum d'histoire naturelle de Paris.

Gallot (Jacques), né à Blaru (Seine-et-Oise), élève de C. Gauthier et de MM. Thomas et Ponscarme; rue Dutot, 19.

3953. Projet de médaille à décerner aux élèves des écoles d'apprentissage de la ville de Paris (face et revers), quatre bas-reliefs : Sculpture, Peinture, Fortune, Destin.

Cariat (Lucien-Jean-Henri), né à Paris, élève de MM. Ponscarme et Thomas; rue Boissonade, 9.

3954. Un cadre contenant médaillons :

Mlle G. Laforge, bronze.

Mme J. Barotte, plâtre.

M. T. Essaillan.

M. S. Delarbre.

Daussin (Emile), né à Paris, élève de M. Ponscarme et Bouguereau, rue Alibert, 9.

3958. Médaille : La Bienfaisance allaitant le Génie à l'École des Beaux-Arts ; prix Chenavard (1894).

DUBOIS (Georges), né à Paris, élève de P. Lehoux ; avenue d'Orléans, 50 et rue Dareau, 22.

3967. Portrait de M. Henri Rochefort ; médaillon, bronze.

LORDONNOIS (Marcel-Prosper), né à Paris, élève de MM. Mouchon, Léon Deschamps et Kluge ; à Rouen (Seine-Inférieure).

3995. Portrait de Mlle Dugat, médaille, argent.

MICHEL (Gustave) ; rue de Lafontaine, 57.

3999. Médaille de la Société historique d'Auteuil.

MOUCHON (Eugène-Louis), rue d'Erlanger, 12.

4000. Un cadre contenant :

(1) Portrait de M. Léon Bourgeois, ancien président du Conseil ; plaquette.

(2) Portrait de M. Bédorez, directeur de l'enseignement primaire de la Seine ; plaquette.

PONSCARME (François-Hubert-Joseph), à Malakoff (Seine).

4007. Un cadre contenant médaillons, bronze :

(5) Portrait de M. Constans.

(6) Portrait du Dr Walther.

(7) Portrait de M. Lucien Daubrée.

TROJANOWSKI (Wincenty), né à Varsovie (Pologne), élève de l'Académie des Beaux-Arts de Saint-Pétersbourg, avenue de Saxe, 59.

4026. Portrait de M. Félix Faure, Président de la République.

SALON DE 1899

AUFFRAY (Eugène-Alexandre), né à Saint-Nazaire (Loire-Inférieure), élève de M. Hector Lemaire ; rue Casimir-Delavigne, 1.

3168. Portrait de M. le Dr Guilbard ; médaillon, bronze.

3169. Portrait de M. Ringeval ; médaillon, bronze.

Carion (Louis-Adolphe), né à Valenciennes (Nord), élève de Cavelier et de Fache; passage Gourdon, 3.

3293. Portrait de M. Barbier; médaillon, bronze (appartient à M. Barbier).

Saulo (Georges-Ernest), né à Angers (Maine-et-Loire), élève de M. Roubaud; rue Dareau, 22.

3914. Portrait de M. le Dr Lachaud, député; médaillon, bronze.

Albazzi (Mme la Ctesse Iza de Kiviatkowska), née à Lopatynka (Russie), élève de M. Falguière; avenue Niel 29.

4012. Portrait de Félix Faure; médaille commémorative de son voyage en Russie et du voyage en France des Souverains russes; bronze, face et revers.

4013. Un cadre contenant :

(1) Portrait de M. Jules Jansen, membre de l'Institut, astronome; médaille, argent (face et revers) (appartient à M. Jansen).

(2) Portrait de M. Camille Flammarion, astronome; médaille, argent (face et revers) (appartient à M. Flammarion).

Bourgeois (Maximilien), né à Paris, élève de Jouffroy et de M. G. J. Thomas; rue de Sèvres, 103.

4021. Médaille de MM. les Députés; législature de 1898, clichés, bronze et argent (face et revers). (Appartient à la Chambre des Députés).

4022. Centenaire de la Chambre des Députés au Palais-Bourbon; clichés, bronze et argent (face et revers).

(En collaboration avec M. E. Launay. — Appartient à la Chambre des Députés.)

Godet (Henri), né à Paris, élève de l'école des Beaux-Arts et de M. Mathurin Moreau, rue du Rendez-vous, 58.

4056. Portrait de feu M. Collignon; médaillon, bronze (appartient à l'Association amicale des anciens élèves de l'École Turgot).

LEMAIRE (Georges-Henry), rue Tourlaque, 22.

4078. L'Exposition de Paris 1900 ; médaille, face et revers (appartient à MM. Montgredin et Cie.

PONSCARME (François-Joseph-Hubert), à Malakoff (Seine), rue Augustin-Dumont, 42.

4100. Un cadre contenant :

(3) Portrait de M. le Dr Walter.

(4) Portrait de Daubrée.

(5) Portrait de M. Viger, ministre de l'Agriculture.

TENAILLE (Maurice), né à Paris, élève de M. Théophile Barrau ; rue Montbrun, 20.

4114. Portrait de M. Albert Humbert ; plaquette, bronze.

SALON DE 1900

DAMON (Alfred-Eugène), né à Paris, élève de Levillain ; Faubourg Saint-Antoine, 74.

1918. Portraits de MM. Barré Godefroy et Bouvier ; médaillon, bronze.

BOURGEOIS (Maximilien) ; rue de Sèvres, 103.

2193. Médaille de MM. les Sénateurs ; bronze et argent ; face et revers (appartient au Sénat).

BOUVAL (Maurice), né à Toulouse (Haute-Garonne), élève de M. Falguière ; impasse du Maine, 11.

2194. Monument du Dr Feulard ; plaquette, argent.

FUGÈRE (Henri), né à Saint-Mandé (Seine), élève de MM. Puech, Cavelier et Barrias ; rue Clavel, 25.

2209. Portrait de M. le Dr Gachet ; médaillon, bronze.

SALON DE 1901

GAULARD (Emile-Félix), né à Paris, élève de Salvatelli ; à Vincennes (Seine) ; rue Montebello, 6.

3210. Portrait de M. Eugène Weiss ; médaillon, bronze.

Bottée (Louis-Alexandre); rue Fontaine, 16.

3617. Un cadre contenant :

Insigne du Jury de l'Exposition Universelle de 1900

Plaquette du Dr Félix Guyon.

Plaquette offerte à M. Chauchard.

Médaille de la Société des Parisiens de Paris.

Fourcade (Dominique-Félix-Jean), né au Plan, canton de Cazères (Haute-Garonne), élève de MM. G. S. Thomas et H. Dubois; rue Madame, 46.

3634. Un cadre contenant :

Portrait de M. A. Mercié.

Portrait de M. Benjamin Constant.

Portrait de M. A. Idrac.

Portrait de M. P. Pujol,

MM. Thillet, Clausade, Sarraut, Magre, Joubé.

Jampolsky (Michel), né à Kiew (Russie), élève de Daniel Dupuis et de MM. Ponscarme et J. Rasumny, rue Denfert-Rochereau, 18 bis.

3647. Un cadre contenant médailles et plaquettes.

Portrait de M. Brisson, face et revers (appartient à M. Brisson).

Portrait de M. Trarieux, face et revers (appartient à M. Trarieux).

Portrait de M. Diaz.

Levillain (Fernand); boulevard Richard-Lenoir, 31.

3658. Portrait d'Aristide Bruant, médaille, bronze.

L'Hoest (Eugène-Léon), né à Paris, élève de Lanson et de Thomas; rue de Bagneux, 7.

3659. Portrait de feu Georges Villes, ancien administrateur du Muséum ; plaquette, argent.

Peter (Victor), né à Paris, élève de Théodore Devaulx et Falguière. rue Dutot, 40.

3678. Un cadre contenant :

(1) Médaille frappée en l'honneur d'Alphonse Daudet, d'après la statue de Falguière.

(2) Portrait de M. Gaston Bonnier de l'Académie des sciences ; bronze.

SZIRMAÏ (Tony-Antoine), né à Budapest (Hongrie), élève de MM. Barrias et Eberlé ; boulevard Malesherbes, 112.

3688. Les palais étrangers à l'Exposition universelle de 1900 ; six plaquettes, cuivre argenté.

SALON DE 1902

THEUNISSEN (Paul-Ludovic), né à Anzin (Nord), élève de Cavelier et de MM. Barrias et Maugendre ; avenue de Saxe, 60.

2882. Portrait de M. Gaston Lefranc ; médaillon, bronze.

BORGEAUD-STRENZ (Mme Jeanne), née à Paris, élève de l'École Guérin-Grasset et de MM. Claudius, Marioton et H. Moreau ; rue de Vaugirard, 71.

2953. Un cadre contenant des médailles et plaquettes :
Portraits de L. Victor-Meunier et de Mme de Saint-Genis.

EUSTACHE (Sylla), né à Paris, élève de MM. A. Gerbier, E. Laporte et Gabriel Guay ; rue Daunou, 18.

2969. Portrait de Victor Hugo d'après Rodin ; plaquette, or.

EXBRAYAT (Étienne-Victor), né à Saint-Étienne (Loire), élève de MM. Ponscarme et Thomas ; rue Madame, 18.

2970. Les portraits du docteur Crotte et de M. D. Alluard, bronze, et de Mlle Florimont.

FLANAGHAN (John), né à Newark N. J. (États-Unis d'Amérique), élève de Falguière, de Chapu et de M. Saint-Gaudens ; impasse du Maine, 16.

2973. Trois portraits plaquettes, MM. André Saglio, A. Benson et Félix Passot.

GILBAULT (Ferdinand), rue de la Collégiale, 25.

2982. Médailles, bronze doré :
M. Berger, Dr Dehenne, Auguste Dorchain (face et revers), Silvain, de la Comédie-Française.

GRAF (Paul-Henri), né à Boulogne-sur-Mer, élève de MM. Thomas, Ponscarme et Patey ; rue Dutot, 16.

2983. Médailles et plaquettes, or, bronze, argent :
Portraits de Mme Paul Graf, de MM. Gerbeau père et fils, de Ch. Benard et de Mlle Andrée Papillault.
Une médaille : École de Dessin.

JAMPOLSKY (Michel), rue Denfert-Rochereau, 18 bis.

2994. Médailles et plaquettes, or, argent, plâtre et bronze :
(1) Portrait de M. Henri Brisson.
(2) Portrait du Dr Aschkenazi.
(3) République Française ; médaille, argent.

JANVIER (Lucien-Joseph-René), né à Paris, élève de Falguière et de MM. A. Mercier et Denis Puech ; rue d'Alésia, 44.

2995. Des épreuves, galvano argenté :
(1) Portrait de M. Paul Baissac, commissaire de police de la ville de Paris.
(2) Portrait de M. René-Paul Faure, avocat du barreau de Paris.

LEGASTELOIS (Jules-Prosper), né à Paris, élève de MM. Émile Carlier, Eugène Levasseur et G. Tonnellier ; rue Victor Chevreul, 23.

3005. Un cadre contenant des plaquettes, bronze (fondues par M. Soreau) :
(1) M. Molinier.
(3) M. Abit.
(5) M. Belard.
(8) M. Courtin.
(9) M. Laurent.
(11) M. Deblois père.
(13) MM. Deblois père et fils.
(14) M. Roussel.

PONSCARME (François-Joseph-Hubert) ; à Malakoff (Seine), rue Augustin-Dumont, 42.

3024. Médailles :

(3) Le Sacré-Cœur (face et revers).

(4) César Franck.

(5) Édouard Drumont.

(6) Sacré-Cœur ; médaille argent (face et revers).

TONNELIER (Georges), né à Paris, élève de Aimé Millet et Ch. Gauthier ; rue Froissard, 7.

3039. Médailles bronze :

Sextius Michel, maire du XVe arrondissement.

H. Cante, adjoint au maire du XVe arrondissement.

Docteur G. Leboucq.

YENCESSE (Ovide), né à Dijon, élève de MM. Thomas, Ponscarme, Levillain et Claudius Marioton ; à Malakoff (Seine), rue de la Tour-aux-Peupliers.

3043. Plaquettes et médailles :

M. Ponscarme.

M. le sénateur Magnin.

M. le sénateur Edme Piot, médaille avec son revers : Fécondité, Puissance.

Docteur C. Chauveau, face et revers.

SALON DE 1903.

BEAUNE (Louis-Eugène de), né à Larçay (Indre-et-Loire), élève de MM. Fremiet et de V. Peter ; rue de la Glacière, 8.

2515. Portrait de Mme Th. Émile-Olivier ; médaillon, bronze.

BERTHIER (Paul), né à Paris, élève de MM. Hippolyte Flandrin et Harpignies ; rue Bonaparte, 13.

2530. Portrait de M. F. Fouqué, membre de l'Institut ; médaillon, bronze.

BRETON (Charles-Eugène), né à Tours (Indre-et-Loire), élève de MM. Denys Puech et R. Verlet, à Saint-Mandé (Seine), rue Jolly, 3.

2580. Portrait de M. Adolphe Grondard, maître de forges, et de M. Philippe Grondard, peintre ; médaillons, bronze.

Guillot (Anatole), né à Étigny (Yonne), élève de Falguière et de Gautherin, rue de Vaugirard, 152 (impasse Ronsin, 11).

2834. Portrait de Mme Grosset-Binet; médaillon, bronze.

Maillard (Lucien), né à Boulogne-sur-Mer (Pas-de-Calais), élève de M. Joindy, rue Turbigo, 75

2961. Portrait de M. Ernest Mory; médaillon, bronze.

Paris (Auguste), né à Paris, élève de Jouffroy, de Falguière et de Doublemard; avenue d'Orléans, 122.

3062. Une grande plaquette, bronze, représentant :

(1) La République.

(2) Portrait de M. Combes, Président du Conseil, ministre de l'intérieur et des cultes.

(3) Portrait de M. Chaumié, ministre de l'instruction publique et des beaux-arts.

(4) Portrait de M. Pelletan, ministre de la marine.

(5) Portrait de M. le général André, ministre de la guerre.

(6) Portrait de M. Rouvier, ministre des finances.

(7) Portrait de M. Vallé, ministre de la justice.

(8) Portrait de M. Mougeot, ministre de l'agriculture.

(9) Portrait de M. Delcassé, ministre des affaires étrangères.

(10) Portrait de M. Maruejouls, ministre des travaux publics.

(11) Portrait de M. Trouillot, ministre du commerce.

(12) Portrait de M. Doumergue, ministre des colonies.

Roussel (Léo), né à Ourches (Meuse), élève de MM. Thomas et Peynot; avenue d'Orléans, 110.

3154. Un panneau contenant quatre portraits; médaillons, bronze: les docteurs : (1) Bilhaut, (2) Millot, (3) Jacob, (4) Hoche.

Stalin (Gabriel-Louis), né à Paris, élève de A. Truphème et de M. H. Bertcaux ; avenue d'Orléans, 102.

3200. Plaque commémorative à la mémoire d'Auguste Truphème; médaillon, bronze.

WHITE (Mlle H. Mabel), née en Angleterre, élève de M. O. Waldmann, à Londres, 16, Churchfield Road N. E.

3265. Jean Valjean; médaillon, étain.

BARGAS (Paul), né à Paris, élève de son père et de M. Vimont; rue Clavel, 14.

3277. Portrait de Mme Madeleine Tellier; plaquette, bronze.

FUCHS (Jean-Frédéric), né à Paris, élève de MM. Henri Renoir et Marquery; rue de Valois, 2.

3311. Plaquettes :

Portrait de M. Roger, directeur de l'Hôpital Broca, et de Mme Roger.

LANCELOT-CROCE (Mme Marcelle-Renée), à Épernay (Marne), rue Thévenin, 3.

3325. Médailles, médaillons et plaquettes :

(1) Portrait de M. Goubault.

(2) Portrait de M. Gaston Chandon; médaille.

(3) Baccelli; plaquette.

LE DOUBLE (Frédéric-Auguste-Marie-Aimé), né à Grégy (Seine-et-Marne), élève de MM. Georges Lemaire et Georges Tonnellier; rue Soufflot, 9.

3329. (1) Une plaquette acier (gravure prise sur pièce directement) : le baptême de Clovis, d'après J. Blanc.

(2) Une plaquette acier (gravure prise sur pièce directement) : premier panneau de la frise du triomphe de Clovis (Panthéon).

(3) Une plaquette épreuve métal, d'après acier (gravure prise sur pièce directement) : deuxième panneau du triomphe de Clovis, d'après J. Blanc, frise du Panthéon.

LEGASTELOIS (J. F.).

3330. Médaille de la Chambre syndicale de l'ameublement.

LEMAIRE (Georges), rue Tourlaque, 22.

3339. Médaille de Chine, face et revers (appartient au Ministère de la Guerre).

Lindauer (Edmond-Eugène-Émile), né à Paris, élève de M. Jacques Perrin ; rue Poissonnière, 15.

3338. Médaillon :

(1) République ; médaillon, bronze (appartient à M. Chéron).

(2) Portrait de M. J. Buffet ; plaquette, plâtre.

Maillard (Auguste), né à Paris, élève de Dalou, Falguière et Gandez; boulevard Malesherbes, 112, et rue des Lombards, 46.

3342. Un modèle, plâtre, de l'insigne des Conseillers généraux de la Seine (appartient au Conseil général).

3343. Réduction en bronze patiné, de l'insigne des Conseillers généraux de la Seine.

Ponscarme (feu François-Joseph-Hubert) ; à Malakoff (Seine), rue Augustin Dumont, 42.

3358 (bis). Edgard Quinet ; médaille, argent.

Prud'homme (Georges-Henri), né à Cap-Breton (Landes), élève de Falguière et de Alphée Dubois ; avenue de Montsouris, 20.

3359. Portrait du baron F. de Schickler ; médaille.

3360. Le portrait de M. Émile Combes, président du Conseil ; médaillon, plâtre.

Revillon (Ernest-Auguste), né à Paris, élève de son père et de Aimé Millet ; à Aulnay-sous-Bois, villa des Petits Ponts (Seine et-Oise).

3361. Médaille :

(2) Le Génie de la Ville de Paris.

Yencesse (Ovide) ; à Malakoff (Seine), rue de la Tour, 14.

3370. (2) Portrait de M. Ponscarme (hommage au maître) ; plaquette, bronze.

Salon de 1904.

Beaune (Louis-Eugène de) ; rue de la Glacière, 8.

2652. Portrait de M. André Theuriet, de l'Académie Française, médaillon, bronze.

Dubief (Joanny), né à Villefranche (Rhône), élève de l'École des Beaux-Arts de Marseille ; à Marseille (Bouches-du-Rhône),

2858. Portrait de M. Trichard, forgeron d'art ; médaillon, bronze.

GAULARD (Émile-Félix), né à Paris, élève de M. Salvatelli; à Melun (Seine-et-Marne), rue Crévoulin, 15, et à Paris, rue Vieille-du-Temple, 128.

2913. Portrait de feu Édouard Dondel; médaillon, bronze.

PORCHER (Eugène), né à Fontevrault (Maine-et-Loire), élève de M. Thomas; à Malakoff (Seine), rue Henri-Martin, 11.

3231. Portrait de Charles Vapereau; médaillon, bronze.

ALLOUARD (Henri), élève de MM. Lequesne et Schœneverck; rue Vavin, 28.

3378. Le gouverneur Ballay; médaille commémorative, argent.

BAREAU (Georges-Marie-Valentin), né à Paimbœuf (Loire-Inférieure), élève de M. Thomas; à Neuilly-sur-Seine (Seine), boulevard de la Saussaye, 42.

3380. Portraits de M. et Mme Marcel Trouillot, plaquette, argent.

BARGAS (Paul), né à Paris, élève de son père et de M. Vimont, rue Clavel, 14.

3382. Portrait de M. Clovis Hugues, député de Paris, plaquette, bronze.

3383. Plaquette, bronze, portrait de M. Lambert.

BORREL (Alfred), rue Lagrange, 14.

3392. Un cadre contenant : Portrait de M. Chautemps, député; plaquette, bronze (appartient à Mme Chautemps).

DESCHAMPS (Léon-Julien), rue de la Tombe-Issoire, 83.

3405. Insigne du Conseil municipal de Paris; modèle, plâtre.

JAMPOLSKY (Michel), boulevard de Port-Royal, 21 *bis*.

3431. Médailles en argent, bronze, or et plâtre :

Portraits de :

MM. Mougeot, ministre de l'agriculture.

Henri Brisson, président de la Chambre des députés.

Pierre Descharme.

Max Caron.

Legastelois (Jules-Prosper), rue Victor-Chevreul, 23.

3443. Médailles et plaquette, bronze :

(1) L'Habitation, face et revers.

(2) Le Mobilier, face et revers.

(3) Le duc de Dinore, face et vers.

(4) La Foire de Paris, face et revers.

Maillard (Auguste), né à Paris, élève de Dalou, Falguière et Gaudez; boulevard Malesherbes, 112, et rue des Lombards, 46.

3453. Un cadre contenant :

Insigne des conseillers généraux de la Seine, argent émaillé.

Prud'homme (Georges-Henri), rue de Sèvres, 109.

3468. Médailles, argent :

(1) Portrait de M. G. Doumergue, ministre des Colonies.

(2) M. Duguet, médecin des hôpitaux.

Révillon (Ernest-Auguste), à Aulnay-sous-Bois, villa des Petits-Ponts (Seine-et-Oise).

3472. Plaquettes, plâtre :

Jean-François Millet.

Mlle Cléo de Mérode.

Quatre danseuses de l'Opéra et de l'Opéra-Comique.

Salon de 1905

Guilbert (Charles), né à Paris, élève de M. Charles Valton; rue de Saintonge, 12.

3217. Un cadre contenant:

(1) Portrait de M. L. Pradel; médaillon, bronze.

3218. Portraits de MM. Alexandre et André Liné; plaquette, bronze.

Legastelois (Jules-Prosper), rue Victor-Chevreul, 23.

3329. Portrait de M. Robert Planquette; médaillon, bronze. (Monument élevé au Cimetière du Père-Lachaise; M. Beauvois, architecte.)

PORCHER (Eugène), né à Fontevrault (Maine-et-Loire), élève de Thomas; rue Didot, 99.

3543. G. Vapereau ; médaillon, bronze.

ROUME (François), né à Marseille (Bouches-du-Rhône), élève de l'École des Beaux-Arts de Marseille; à Marseille, boulevard de Longchamps, 7.

3588. Un cadre contenant trois médaillons, bronze :

(1) Portrait de M. Jules Ollive.
(2) Portrait de M. Beaudoin.
(3) Portrait de M. Roume.

CALVET (Grégoire), né à Cadarcet (Ariège), élève de Falguière, rue d'Alembert, 16.

3756. Un cadre contenant une plaquette en argent :

Avers : Portrait de M. Delcassé, ministre des affaires étrangères. Revers : La France républicaine présente au Monde un rameau d'olivier, symbole de paix, qu'elle vient de forger avec des lames d'épées.

CLARA (José), né à Olot (Espagne), élève de Barrias; r. Vercingétorix, 3.

3760. Portrait de M. G. Lalanne, peintre; médaillon, bronze.

DESCHAMPS (Léon), rue de la Tombe-Issoire, 83.

3769. Un cadre contenant :

(1) Médaille d'identité des Députés ; argent,
(2) Insigne des membres du Conseil municipal de Paris ; or, vermeil, argent et émaux.
(3) Portrait de Mlle J.-L. Breton.
(5) Médaille de Gutemberg (éditée par la Monnaie).

FOSSÉ (Athanase), né à Allonville (Somme), rue Chevert, 23.

3775. Portrait de Mlle Jeanne Duvauchel ; plaquette, plâtre argenté.

FULPIUS (Mlle Élisabeth C.), née à Genève (Suisse), élève de MM. Chaplain, Marqueste et Bouval ; à Genève, boulevard du Pont-d'Arve, 47.

3783. Portrait de M. Auguste Dide ; médaillon, bronze.

GAULARD (Émile-Félix), à Melun (Seine-et-Marne), rue Crévoulin, 15.

3785. Portrait de Mme Émile Girard ; médaillon, bronze.

GESLIN (Ernest), né à Paris, élève de M. Claudius Morioton ; au Perreux (Seine), avenue Lamartine, 10.

3788. Un cadre contenant trois médailles, plâtre et bronze :

(1) Portrait de Mlle Jeanne Geslin.

(2) Portrait de Mme veuve Geslin.

(3) Portrait de M. A. Herbemont.

GODET (Henri), né à Paris, élève de l'École Nationale des Beaux-Arts, et de M. Mathurin Moreau ; rue du Rendez-vous, 58.

3791. Un cadre contenant :

(1) Modèle original de l'avers et épreuves de la médaille d'or, commandée par la Ville de Paris, pour être offerte au citoyen Henry Marsoulan, qui exerce depuis trente années consécutives son mandat de conseiller ; bronze.

(2) La Ville de Paris confie la direction de son navire aux élus du peuple (modèle original) (revers).

GRANDIGNEAUX (Georges), né à Versailles (Seine-et-Oise), élève de M. Ch. Valton; rue de Chabrol, 18.

3792. Un cadre contenant des plaquettes, cuivre argenté :

(1) Portrait de Me Albert Vannois (face et revers).

(2) Portraits de MM. Anne et René Boyeldieu d'Auvigny.

HÉRANT-BEUDER (Mariéné), né en Egypte; rue Barthélemy, 5.

3798. Deux médailles, face et revers, de la Société d'Hygiène de l'Enfance.

JAMPOLSKY (Michel), boulevard de Port-Royal, 21 bis.

3805. Portrait du docteur Parisot ; plaquette, bronze.

LAFLEUR (Abel), né à Rodez (Aveyron), élève de Ponscarme et de Chaplain ; rue Montbrun, 7.

3810. Un cadre contenant des plaquettes, argent, bronze et plâtre :

(1) Portrait du docteur Pautrier.

(2) Portrait de M. Édouard Zunz.

LAPORTE (Émile), né à Paris, élève de Thomas et de Barrias; impasse Ronsin, 11.

3811. Un cadre contenant :
Portrait de Mme Dubois; médaillon, bronze (appartient à Mme Dubois).

LASSERRE (Pierre-Firmin), né à Barrante (Basses-Pyrénées), élève de Aimé Millet et de M. Albert Bicauté; rue Vieille-du-Temple, 117.

3812. Un cadre contenant des plaquettes, plâtre et bronze.
Portrait de M. Rigla.

LELIÈVRE (Octave-Georges), né à Paris, élève de M. Barrau, rue Debelleyme, 12.

3819. Un cadre contenant huit médailles et plaquettes, bronze et plâtre. (Pour la Société nationale d'horticulture de France et pour la Société du Golf de Paris.)

LORDONNOIS (Marcel-Prosper), né à Paris, élève de MM. E. Mouchon, P. Vernon et W. Kluge; rue de la Paix, 10, et rue de Vaugirard, 187.

3827. Un cadre contenant médailles et plaquettes, fonte argentée.
Portrait de M. A. Bassinet, sénateur de la Seine.
Le chirurgien G. Marion (face et revers).
Tête de la République.
M. Mollier.

MAILLARD (Auguste), né à Paris, élève de Dalou, de Falguière et de Gaudey; boulevard Malesherbes, 112.

3828. Un cadre contenant :
Société des jurés orphéoniques français; plaquette, argent, face et revers.

3829. Un cadre contenant :
Insigne des conseillers généraux de la Seine; plaquette, argent.

PRUD'HOMME (Georges-Henri), rue de Sèvres, 109.

3843. Un cadre contenant quatre portraits, plaquettes, bronze :
(1) M. Maurice Faure, sénateur.
(2) Docteur Paul Riche, chirurgien des hôpitaux.
(3) M. Gaston Doumergue, vice-président de la Chambre des députés, etc.

Révillon (Ernest), à Aulnay-sous-Bois (Seine-et-Oise).

3847. Un cadre contenant :

Danseuses de l'Opéra et de l'Opéra-Comique, plaquettes, argent.

Roch (Mlle Clotilde), née à Genève (Suisse), élève de M. H. Bovy et de M. Bouval; avenue du Maine, 27.

3848. Un cadre contenant : 1 portrait de M. Henry Bovy; plaquette, bronze.

Roussel (Léo), né à Ourches (Meuse), élève de J.-G. Thomas et de M. Peynot; boulevard Lefèvre, 103.

3851. Portrait de M. Dessertenne; médaillon, bronze (appartient à M. Dessertenne).

Salon de 1906

Bareau (Georges), à Neuilly-sur-Seine ; boulevard de la Saussaye, 42.

3627. Portrait de M. et Mme Pierre Trouillot; plaquette, argent.

Barillet (Louis), né à Alençon (Orne) ; rue Vercingétorix, 3.

3629. Plaquettes et médaillons :

M. Ch. Romet — M. R. Audibert — M. A. Barillet — M. E. Detolle.

Bottée (Louis-Alexandre), rue Fontaine, 16.

3636. « Aux poètes sans gloire », — modèle de médaille, — face et revers (pour la Société des Amis de la médaille française).

Exbrayat (Étienne-Victor), né à Saint-Étienne ; rue Claude-Pouillet, 10.

3654. Médaillons, bronze :

Portraits du sculpteur J. A. Delorme, du Docteur P. Lassablière et du poète Antonin Lugnier.

Fraisse (Édouard), né à Beaune; rue Saint-Jacques, 278.

3656. Plaquettes, métal bronzé et argenté :

Portrait de M. Mathieu.

Portrait de M. E. Rousseau.

FULPIUS (Mlle Élisabeth), née à Genève; rue Notre-Dame-des-Champs, 117.

3659. Intérieur d'atelier à l'École des Beaux-Arts; plaquette, plâtre.

3660. Mme Auguste Dide — Marthe Bousquet — Suzanne Pelloutier — André Lambert — Charles Fulpius — André Minel.

GODET (Henri), né à Paris; rue du Rendez-vous, 58.

3670. La République proclame la Loi dite de Séparation; projet de plaquette.

GRANGER (Mlle Geneviève), née à Tulle; rue Denfert-Rochereau, 22.

3671. Médailles et plaquettes, bronze et argent.
Portrait du docteur Peyrot.
Portrait du peintre Auguste F. Gorguet.

GUILBERT (Charles), né à Paris; rue du Perche, 7.

3675. Portrait de Mlle Emma Guilbert, médaille, bronze patiné.

3676. Portrait de Mlle Alice Campagne, plaquette, bronze patiné.

HERBERT (Mlle Gwendolen), née en Irlande; rue Denfert-Rochereau, 22.

3677. Plaquette bronze :
Portrait de Mlle Geneviève Granger.

LECHEVREL (Alphonse-Eugène), place du Marché-St-Honoré, 26.

3686. (1) Projets pour la monnaie de nickel (face et revers).
(2) Tête de République.
(3) Projet de médaille pour la Société de Secours Mutuels : « Humanité, Fraternité ».
(4) Portrait de M. Paul Doumer, président de la Chambre des députés ; modèles, plâtre.

LENOIR (Pierre-Charles), né à Paris; rue Dutot, 1.

3692. Médailles et plaquettes :
Jean Macé — Pasteur.

LORDONNOIS (Marcel-Prosper), rue de Vaugirard, 187, et atelier rue de la Paix, 10.

3697. Portrait de M. Paul Chautard, président du Conseil municipal; plaquette (face et revers).

Mérignac (Mme Ernesta Robert-), née à Saint-Omer (Pas-de-Calais); rue Monsieur-le-Prince, 53.

3702. (1) Portrait de M. Désiré André; médaille, bronze.
(2) Portrait de M. E. de Forcade, peintre; médaille, bronze.
(3) Portrait de M. Kirchoffer; plaquette, bronze.
(4) Portrait de François Mérignac; médaille, bronze.
(5) Portrait de Mme Germaine Maury; plaquette, bronze.
(7) Portrait de M. Georges Robert; plaquette, plâtre.

Morlon (Pierre-Alexandre), né à Mâcon (Saône-et-Loire); rue Montbrun, 21.

3705. (1) Plaquette de la Société Médico-Chirurgicale.
(3) L'Imprimerie, plaquette décorative.

Mouchon (Louis-Eugène), à Arcueil-Cachan; r. Nouvelle-du-Parc, 22.

3706. (6) Alfred de Vigny (face et revers).
(7) M. A. Mariani, vulgarisateur de la coca (face et revers).

Prud'homme (Georges-Henri), rue de Sèvres, 109.

3718. (1) Portrait d'Alphée Dubois, graveur en médailles.
(2) Portrait de Jean Meunier.
(3) Le docteur A. Florand.

Roch (Mlle Clotilde), née à Genève; rue Notre-Dame-des-Champs, 117.

3721. (1) Portrait de M. A. Bourdillon; médaille, bronze.
(2) Honneur aux femmes peintres; plaquette, plâtre.
(4) Portrait de Pierre Bernadon; médaille, bronze.
(6) Portrait d'Élisabeth Fulpius; médaille, bronze.

Roukhomovsky (Israël), né à Mozir (Russie); rue de Rivoli, 50.

3723. Portrait de Zadoc-Kahn, grand rabbin de France; bas-relief, plâtre patiné.

Spaniel (Otakar), né à Jaromer (Bohême); rue Dareau, 81.

3728. Portrait de M. Simon, peintre; plaquette, bronze.

Theunissen (Corneille-Henri), avenue des Sycomores, 22, villa Montmorency.

3730. Portraits de M. et Mme Jules Touvet; médailles
3731. Portrait de M. Vauthier; médaille.

YENCESSE (Ovide), rue Guénégaud, 6.
3739. Médailles et plaquettes, argent et bronze :
Henri Chabeuf — Pierre Taitot et Jeanne Millanvoy — M. A. Godart, éditeur — Pierre et Marie Curie.

SALON DE 1907

BAILLEUL (Jean), né à Lille ; rue des Plantes, 72, villa Brune, 3.
2495. Portraits, bronze et plâtre :
M. Victor Peter, statuaire, professeur à l'École des Beaux-Arts.
M. Damerson, avocat.
M. Marc Varenne, secrétaire particulier du Président de la République.

CERIBELLI (Mlle Marguerite), née à Paris ; à Boulogne-sur-Seine, rue des Tilleuls, 26.
2648. Portrait de M. Jules Le Cointe, de l'Odéon (1863-1900) ; médaillon, plâtre teinté.

DESCHAMPS (Léon), né à Paris ; rue de la Tombe-Issoire, 83.
2770. La Ville de Paris créant l'École Estienne ; médaillon, bronze.

GAILLARD (Mlle Marie), née à Montreuil-sur-Mer ; à Paris, rue de Vaugirard, 10.
2864. Portrait de M. Boussinesq, membre de l'Académie des Sciences ; médaillon, terre cuite patinée.

HÉRITIER (Isidore-Lucien), né à Paris, élève de M. Auban ; à Alfortville, rue Déterville, 4.
2953. Portrait de mon père ; médaillon, plâtre patiné.

LAFLEUR (Abel), né à Rodez ; rue Saint-Didier, 50.
3018. Portrait de M. Charles Deloncle, député de la Seine ; médaillon, bronze.

QUESTE (Louis-Maxime), né à Étouy (Oise), élève de l'École nationale des Arts décoratifs et de M. Ph. May; rue Rochebrune, 16.

3283. Le comédien Henriquet; médaillon, plâtre.

BAUER (Maurice-Alexandre), né à Paris, élève de MM. Chaplain, J. Callot et E. Lanson; avenue Parmentier, 73.

3491. (2) M. Édouard Yvon.
(3) Jules-Edme Millot.
(4) M. Paul Grangé.

BORGEAUD-STRENZ (Mme Jeanne), née à Paris, élève de MM. Claudius Marioton et H. Moreau; rue de Vaugirard, 71.

3498. Médailles et plaquettes, bronze et plâtre.
(1) Portrait de E.-J. Carlier, statuaire.
(2) Portrait de Mme Chollet-Derouard.

BRETON (Charles), né à Tours (Indre-et-Loire), élève de Barrias et de MM. Coutan, A. Verlet et Denys Puech; à Saint-Mandé (Seine), rue Jolly, 3.

3500. Trois médaillons, plâtre.
(1) Portrait de Mme André Kling.
(2) Portrait de M. A. Rischmann.
(3) Portrait de Mme F. de Rayssac.

DAVIGE (John-William), né à Saint-Étienne, élève de MM. Cormon. Coutan et Chaplain; boulevard Pasteur, 44.

3513. Médaillons en bronze et en argent:
(1) Portrait de M. Philippe Portier (1806-1904).
(2) M. Joanny Faure (1821-1906).
(3 et 4) M. et Mme Graff (réduction).
(5) M. le docteur Léon Bonnet.
(6) M. Ch. Bunel.

GARRY (Augustin), à Maisons-Laffitte, villa Marie-Thérèse.

3536. Portraits de Mme et de Mlle Lallemant; plâtre.

GAULARD (Émile-Félix), né à Paris, élève de Salvatelli; à Melun, rue Crévoulin, 15.

3537. Portrait de Mme Delaroue; plaquette, bronze.

LANCELOT-CROCE (Mme Marcelle), née à Paris, élève de son père et de M. Chaplain ; à Épernay, rue du Pont-Neuf.

3558. Plaquettes, bronze et argent.

(3) M. Léon Bouët.

(5) M. Mayer.

LECHEVREL (Alphonse-Eugène), Place du Marché-Saint-Honoré, 26.

3561. Modèles en plâtre pour médailles.

(1) Portrait de M. Paul Doumer.

(2) Projet (face et revers) pour monnaie en nickel.

(3) Humanité, Fraternité et effigie de la République Française pour société de Mutualité.

LORDONNOIS (Marcel-Prosper), rue de Vaugirard, 187.

3571. Médailles et plaquettes, argent et plâtre :

(1) Portrait de M. Louis Puech, député de la Seine (face et revers).

(2) Portrait de M. Louis Laurent (face et revers).

MATTEI (Louis-Octave), né à Vern (M.-et-L.), élève de M. Tonnellier ; rue Plumet, 21.

3573. Portrait de M. G. Charton Médaille, plâtre.

MÉRIGNAC (Mme Ernesta Robert-), née à St-Omer (Pas-de-Calais) ; rue Monsieur-le-Prince, 53.

3575. (1) Portrait du médecin inspecteur Vaillard, membre de l'Académie de Médecine ; plaquette, bronze.

(2) Portrait de Louis Chevillard, président d'honneur de l'Escrime française ; médaille, bronze.

(3) Portrait de la violoniste Juliette Laval ; plaquette, plâtre.

(5) Portrait d'Adolphe Ruzé ; plaquette, plâtre.

(6) Portrait du mathématicien Désiré André ; médaille, argent.

(7) Portrait de Lucien Mérignac ; plaquette, argent.

(8) Portrait de François Mérignac ; médaille, argent.

(9) Portrait de Mme G. Maury ; plaquette, argent.

(10) Portrait de G. Robert ; plaquette, bronze.

(11) Portrait du peintre E. de Forcade ; médaille, argent.

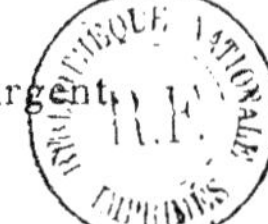

MORIA (Mlle Blanche-Adèle), née à Paris ; rue des Réservoirs, 4 et 4 bis.

3578. M. Raulin, architecte; médaille, bronze.

MORLON (Pierre-Alexandre), né à Mâcon; rue de la Tombe-Issoire, 35.

3579. Plaquette :

(1) Portrait de M. Destailleur, architecte.

MOUCHON (Louis-Eugène), né à Paris ; à Arcueil-Cachan (Seine).

3580. (4) Alfred de Vigny, plaquette.

(5) M. Mariani, plaquette (face et revers).

PARIS (Auguste), né à Paris, avenue d'Orléans, 122.

3586. Un projet de plaquette commémorative de la maison de retraite de la Société des Artistes Français (Fondation Armand Hayem), plastinile.

PATEY (Henri-Auguste-Jules), né à Paris ; quai de Conti, 11.

3588. Une plaquette plâtre :

Portrait de M. le docteur Léon Labbé.

PÉCOU (Jean-William-Henri), né à Bordeaux ; rue des Boulangers, 24.

3590. Un médaillon, bronze :

Portrait de M. G. Chaussard.

3591. (4) Médaille de l'Exposition coloniale de Paris (face et revers) (appartient à M. Le Boucher).

PETER (Victor), né à Paris, rue Dutot, 40.

3592. (6) Médaille Pasteur (face et revers).

PRUD'HOMME (Georges-Henri), rue de Sèvres, 109.

3596. Médailles :

(1) Portrait du professeur A. Gilbert, membre de l'Académie de Médecine.

(3) Concours musical (Ville de Paris).

(4) Maurice Faure, sénateur ; face et revers.

ROCH (Mlle Clotilde), née à Genève ; rue Notre-Dame-des-Champs, 117.

3601. (1) Portrait de M. Auguste Dide ; médaille, bronze.

(2) Portrait de Mme Hugo de Senger ; médaille, bronze argenté.

ROUSSEL (Paul), né à Paris, avenue des Peupliers, 7.

3605. Portrait de Ch. Diehl, professeur à la Sorbonne; médaillon, bronze.

SIMON (Désiré), né à Bar-le-Duc; rue Amelot, 108.

3610. Jean Dubois; médaillon, argent doré.

SINAYEFF-BERNSTEIN (Léopold), rue des Acacias, 20.

3611. Médaille (face et revers), Eugène Manuel.

VIARD (Julien-Henri), né à Paris; à Montreuil-sous-Bois (Seine), rue du Val, 17.

3622. Plaquettes en plâtre

(1) Mlles Deloncle.

(3) Mlle Louise Grandjean.

(5) Me L. Loiseau.

YENCESSE (Ovide), rue Guénégaud, 6.

3623. (4) Pierre Curie, étude.

(5) Victor Veau, chirurgien des Hôpitaux.

ADDENDA

Salon de 1704

Tournier, académicien.

Portrait de Ballin le père, directeur des balanciers des médailles (peinture).

Salon de 1824

Tiolier, Hôtel des Monnaies.

1925. Buste en marbre de feu Duvivier, ancien graveur général des Monnaies et de l'Académie des Beaux-Arts.

1926. Buste de feu Antoine, architecte.

Salon de 1831

Droz (J.), 35, rue Notre-Dame-des-Champs.

2639. Buste en marbre de feu J.-P. Droz, conservateur de la Monnaie des Médailles.

Tiolier, Hôtel des Monnaies.

2416. Un cadre renfermant les Sceaux de France, des empreintes des Monnaies et jetons.

5e *supplément au livret.*

Rogat (E).

3104. Médaille de Napoléon.

Salon de 1833

Caqué, Hôtel des Monnaies.

2732. Portrait de M. Dubois, employé à la Monnaie.

Gatteaux, 35, rue de Lille.

2762. Portrait de S. M. Louis-Philippe (modèle et médaille).

Vatinelle, 40, rue des Vieux-Augustins.

2826. Un cadre renfermant :

1° Le portrait de S. M. Louis-Philippe; médaille.

2° Le modèle et l'épreuve de la médaille offerte par la Ville de Paris aux personnes qui se sont dévouées lors de l'invasion du choléra.

Salon de 1836

Barre père, 14, rue des Marais-Saint-Germain.

1859. Médaillons de la famille Royale; bronze.

Bougron (L. V.), 154, rue du Faubourg-Saint-Denis.

1871. Médaillon de M. G. Bourgeois; bronze.

Caqué, Hôtel des Monnaies, quai Conti.

1881. Médaillon du Roi, plâtre, d'après nature.

Salon de 1837

Rogat, 52, rue de l'Ouest.

2087. Le médaillon et un cliché de la médaille de M. Audry de Puyraveau.

Salon de 1838

Caqué, à la Monnaie.

1817. Portrait de M. le Comte de Sussy; médaillon en plâtre.

Salon de 1839

Desbœufs, 18, rue de la Rochefoucault.

2184. Buste de M. Sylvestre de Sacy (marbre) (M. I.).

Salon de 1841

Oudiné (Eugène-André), 10, rue de la Chaise.

2102. Buste de M. Galle, membre de l'Institut.

Salon de 1843

Oudiné (Eugène-André).

1483. Portraits de MM. Galle et Horace Vernet, membres de l'Institut.

PASCAL (François-Michel), 8, rue de la Cerisaie.

1484. Médaillons en bronze :

(1) Portrait de M. Courtin, architecte.

(6) — de M. Daubigny, peintre.

(7) — de M. Morin, instituteur.

PROTAT (Hugues), 38, rue Amelot.

1489. Portrait de Mlle Louise-Ferdinand Barrot.

1490. — de Mlle Thérèse-Ferdinand Barrot ; médaillons en bronze.

SALON DE 1876

ZIWNY (Henri), né à Paris, 93, rue de Seine.

3651. Portrait de Mlle Sarah Bernhardt, sociétaire de la Comédie-Française ; médaillon, plâtre.

SALON DE 1877

LATOUCHE (Gaston), né à Saint-Cloud, rue du Calvaire, 11 et 13.

3926. Portrait de M. Got, sociétaire de la Comédie-Française ; médaillon, plâtre métallisé.

OUDINÉ (Eugène-André), rue Vavin, 19.

4216. Portraits de Mme Vauthier, née Oudiné ; — de Mlle M. Bernier ; — de Mlle L. Bernier ; de M. Hénard, architecte ; — de M. J.-B. Say ; — d'Ingres.

QUILLET (Émile-Noël), né à Paris, boulevard de Clichy, 22-24.

4083. Portrait de l'auteur ; médaillon, plâtre teinté.

SALON DE 1881

FERRAND (Ernest-Justin), né à Paris, élève de Mathurin Moreau (impasse Gaudelet, 13).

3872. Portrait de Mme Léon Cauvin ; médaillon.

3873. Portrait de Mme Henri Cauvin ; médaillon.

SALON DE 1889

FERRAND (Ernest-Justin), impasse Gaudelet, 13.

4358. Portrait du jeune Robert Limozin ; médaillon, plâtre.

SALON DE 1890

LEMAIRE (Georges), rue Tourlaque, 22.
4666. Philippe Gille.

SALON DE 1892

FERRAND (Ernest-Justin), avenue de la République, 143.
2570. Portrait de Mlle Louise Grange; médaillon, plâtre.

SALON DE 1906

DESCHAMPS (Léon), rue de la Tombe-Issoire, 83.
3041. Portrait de M. Émile Combes, ancien président du Conseil des ministres ; médaillon, bronze doré.

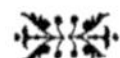

ERRATA

Page 15. N° 1519, au lieu de « il conient », lire : il contient.
» 17. Au lieu de Feuvrier, lire : Peuvrier.
» 19. A la sixième ligne, ajouter le n° 2373.
» 23. N° 4874, au lieu de Bourgelot, lire : Bourgelat.
» 28. Au lieu de M. Touraugin, lire : M. Tourangin.
» 49. N° 4640, au lieu de « Comité de l'Enregistrement », lire : Comité de l'Enseignement.
» 76. Au lieu de Gallot, lire : Callot.
» 87. Au lieu de Porchin, lire : Porcher.
» 91. Au lieu de Lassero, lire : Lasserre.

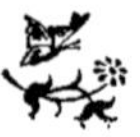

TABLE DES ARTISTES

(Les renvois sont donnés aux années des Salons)

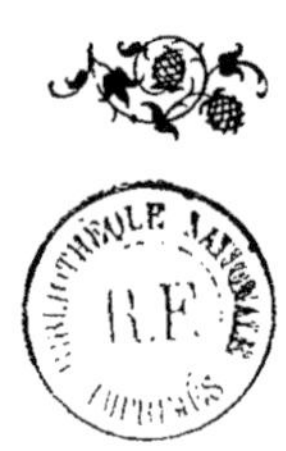

TABLE DES MATIÈRES

(Les renvois sont donnés aux années des Salons ; le nom de l'artiste est ajouté entre parenthèses.)

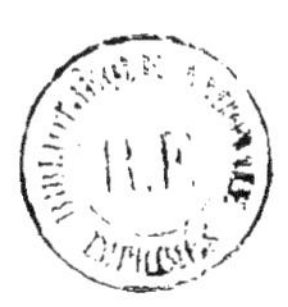

ANNÉES DES EXPOSITIONS

TABLE GÉNÉRALE

Tirage à part de la Gazette Numismatique française, *1905-1907*

CHALON-SUR-SAONE. IMPRIMERIE FRANÇAISE ET ORIENTALE DE E. BERTRAND

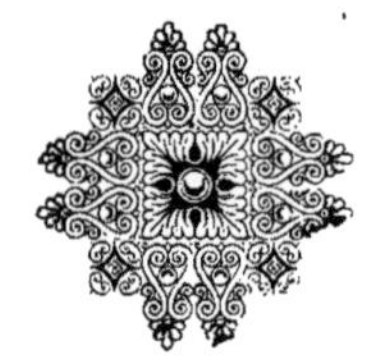

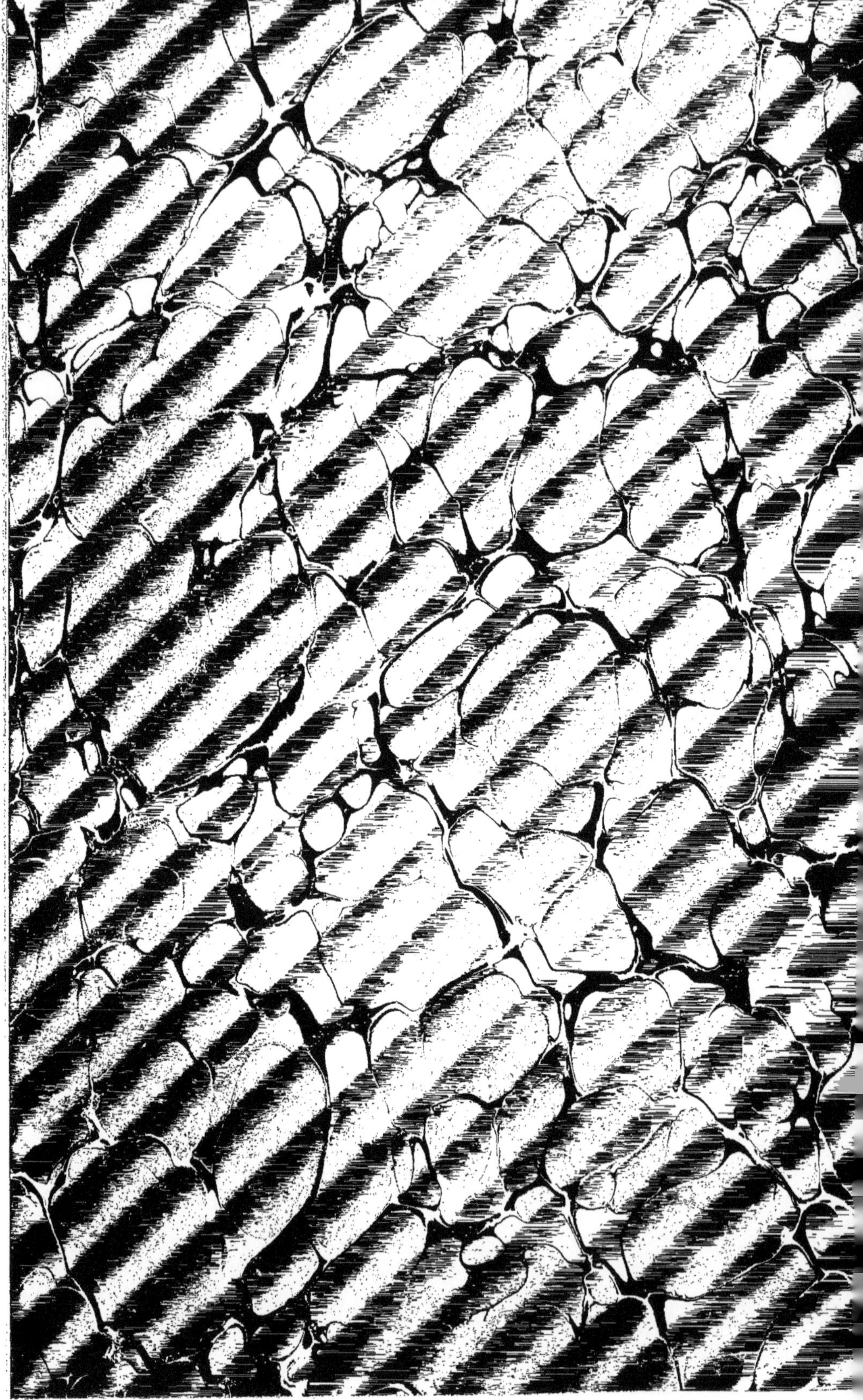

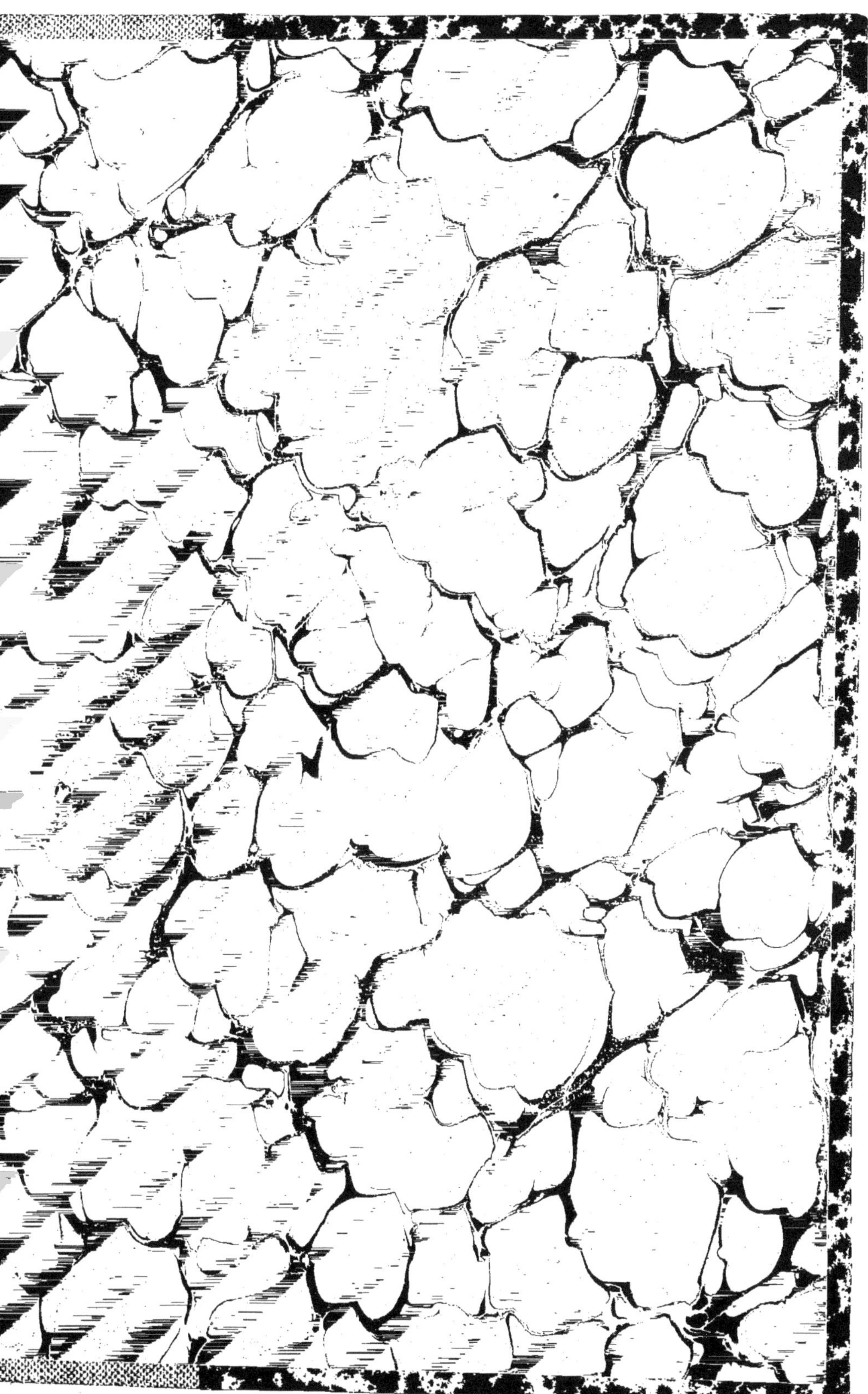

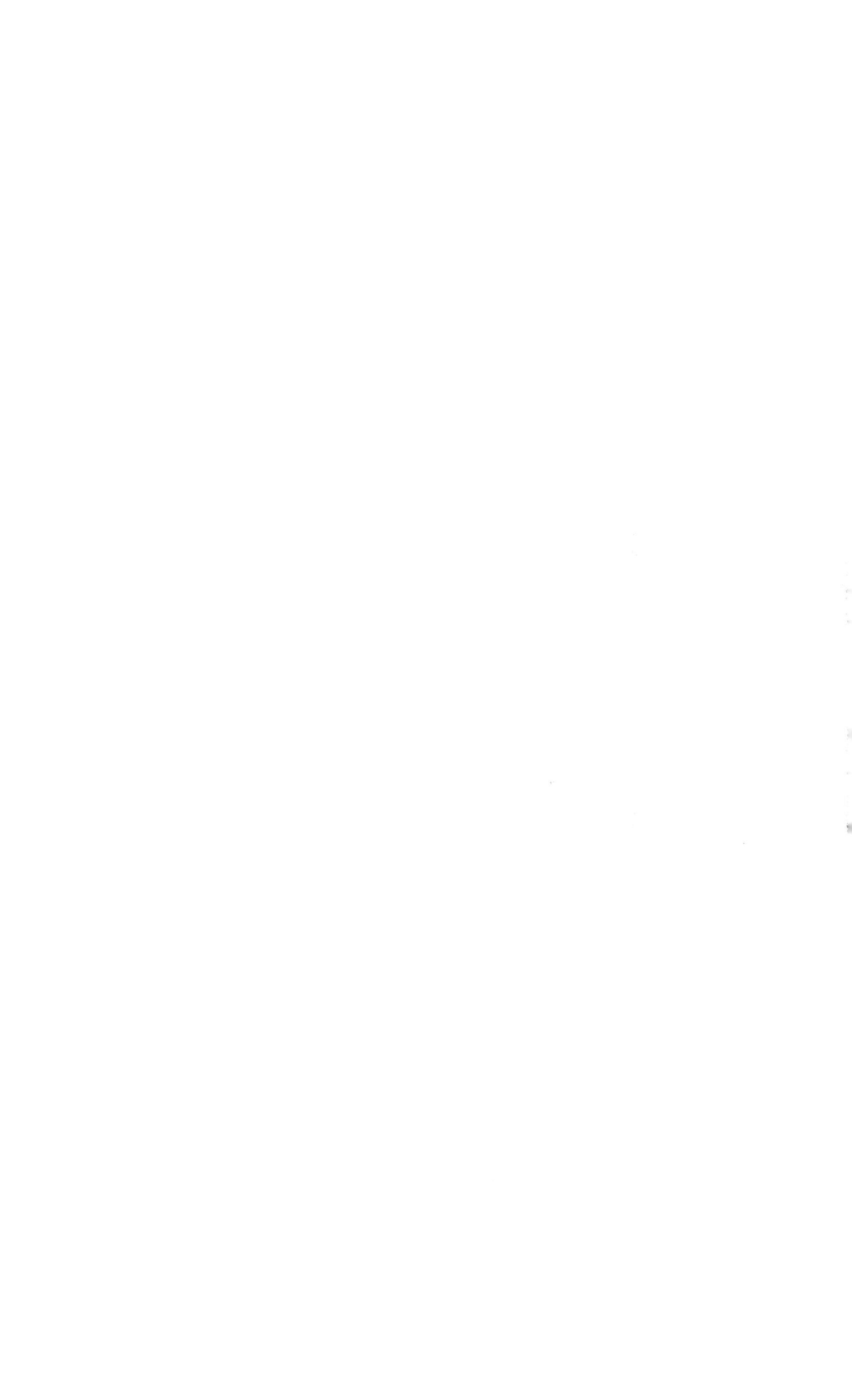

www.ingramcontent.com/pod-product-compliance
Ingram Content Group UK Ltd.
Pitfield, Milton Keynes, MK11 3LW, UK
UKHW020331230726
13925UKWH00002B/737

9 782014 432022